中国现代出版家论著丛书

陕西出版资金资助项目

在出版界二十年
——我的自传

张静庐 著

主编 郝振省

西北大学出版社

作者简介

张静庐，中国出版家，民盟盟员。1898年4月7日生于浙江镇海县。1969年9月在上海去世。

1911年在龙山演进国民学校毕业后，当学徒。1915年任天津《公民日报》副刊编辑。1920 年任上海泰东图书局编辑、出版部主任。1924年与人合资创办光华书局，任经理。1929年创建上海联合书店，任经理。1931年与洪雪帆合办现代书局，任经理。1934年创建上海杂志公司，任总经理。任内经营出版不少进步期刊，这些期刊在当时产生了积极影响。1949年在上海任联营书店总经理。

中华人民共和国成立后，他先后任中央人民政府出版总署计划处处长，古籍出版社编审，中华书局近代史编辑组组长。

主要著述有《中国的新闻记者与新闻纸》《革命外史》《在出版界二十年》，编有《中国近代出版史料》初编、二编，《中国现代出版史料》甲、乙、丙、丁编，《中国出版史料补编》等。

编辑说明

张静庐是现代出版家，做过报刊、图书编辑，曾创办光华书局、现代书局、上海杂志公司等。1949年后，曾任出版官员、古籍出版社编审等。

《在出版界二十年》是上海书店根据上海杂志公司1938年版覆印本，主要回顾了他从事出版工作的经历和得失总结；《中国的新闻记者与新闻纸》则是上海书店根据现代书局1932年版影印"民国丛书"第三编版，主要是谈论中国新闻记者的兴起机缘和报纸发展历史。

这次整理重版，改原版竖排繁体字为横排简体字，改正了异体字、俗体字等，核改了一些错讹文字，依现今规范添加了文中大量书报的篇名书名号、引号以别记述文字，统一了格式等，以方便今天读者的阅读。

总　序

　　"中国现代出版家论著丛书"，选集张元济等中国现代出版拓荒者14人之代表性作品19部，展示他们为中国现代出版奠基所作出的拓荒性成就和贡献。这套书由策划到编辑出版已有近六个年头了，遴选搜寻作品颇费周折，繁简转化及符合现今阅读习惯之编辑加工亦费时较多。经过多方努力，现在终于要问世了，作为该书的主编，我确实有责任用心地写几句话，对作者、编者和读者有个交代。尽管自己在这个领域里并不是特别有话语权。

　　首先想要交代的是这套选集编辑出版的背景是什么，必要性在哪里？很可能不少读者朋友，看到这些论著者的名字：张元济、王云五、陆费逵、钱君匋、邹韬奋、叶圣陶等会产生一种错觉：是不是又在"炒冷饭"，又在"朝三暮四"或者"朝四暮三"？如此而然，对作者则是一种失敬，对读者则完全是一种损失，就会让笔者为编者感到羞愧。而事情恰恰相反，西北大学出版社的同仁们用心是良苦的，选编的角度是精准的，是很注意"供给侧改革"的。就实际生活而言，对待任何事物，怕的就是"一叶障目，不见泰山"，怕的就是浮光掠影，道听途说；怕的就是想当然，而不尽然。对待出版物亦是这样，更是这样。确实不少整理性出版物、资料性出版物，属于少投入、多产出的克隆性出版；属于既保险、又赚线的懒人哲学？而这套论著确有它独到的价值。论著者不是那种"两耳不闻窗外事，闭门只读圣贤书"的出版家，而是关注中华民族命运，焦急民族发展困境的一批进步知识分子。他们面对着国家的积贫积弱，民众的一盘散沙，生活的饥寒交迫，列强的大举入侵，和"道德人心"的传统文化与知识体系不能拯救中国的危局，在西学东渐，重塑知识体系的过程中，固守着民族优秀文化的品格，秉承"为国难而牺牲，为文化而奋斗"的使命，整理国故，传承经典，评介新知，昌明教育，开启民智，发表了一系列的论著，为我们国家和民族的现代出版文化事业进行了拓荒性奠基。如果再往历史的深层追溯，不难看出，他们身上所体现的代表中国传统知识分子心胸与志向的使命追求，正如北宋思想家张载所倡言的："为天地立心，为生民立命，为往圣继绝学，为万世开太平"。我们为中华民族这些前仆后继、生生不息的思想家们肃然起敬。以张元济等为代表的民国进步出版家们，作为现代出版文化的拓荒奠基者，其实就是一批忧国忧民的思想大家、文化大家。挖掘、整理、选萃他们的出版文化思想，其实就是我们今天继承和弘扬优秀传统文化的必然之举，也是为新时代实现古今会通、中西结合的创造性转化与创新性发展提供借鉴的必须之举。

不仅如此，这套论著丛书的出版价值还在于作者是民国时期我们这个国家和民族最有代表性的一个文化群体，一批立足于出版的文化大家和思想大家；14位民国出版家的19部作品中，有相当部分未曾出版，具有重要的填补史料空白的性质，对于这个领域的研究者、耕耘者都是一笔十分重要的文化财富之集聚。通过对拓荒和奠基了中国现代出版事业的这些出版家部分重要作品的刊布，让我们了解这些出版家所特有的文化理念、文化视野、人文情怀，反思现在出版人对经济效益的过度追求，而忘记出版人的文化使命与精神追求等等现象。

之所以愿意出任该套论著丛书的主编还有一层考虑在里面。这些现代出版事业拓荒奠基的出版家们，其实也是一批彪炳于史册的编辑名家与编辑大家。他们几乎都有编辑方面的极深造诣与杰出成就。作为中国编辑学会的会长，也特别想从中寻觅和探究一位伟大的编辑家，他的作派应该是怎样的一种风格。张元济先生的《校史随笔》其实就是他编辑史学图书的原态轨迹；王云五的《新目录学的一角落》其实就是编辑工作的一方面集大成之结果；邹韬奋的《经历》中，就包含着他从事编辑工作的心血智慧；张静庐的《在出版界二十年》也不乏他的编辑职业之体验；陆费逵的《教育文存》、章锡琛的《〈文史通义〉选注》、周振甫的《诗词例话》等都有着他们作为一代编辑家的风采与灼见；赵家璧的三部论著中有两部干脆就是讲编辑故事的，一部是《编辑忆旧》，一部是《编辑生涯忆鲁迅》，其实鲁迅也是一位伟大的编辑家。只要你能认真地读进去，你就会发现一位职业编辑做到极致就会成为一位学者或名家，进而成为大思想家、大文化家，编辑最有条件成为思想家、文化家。"近水楼台先得月，就看识月不识月"。我们的编辑同仁难道不应该从中得到启发吗？难道我们不应该为自己编辑职业的神圣性而感到由衷的自豪与骄傲吗？

这套丛书真正读进去的话，容易使人联想到正是这一批民国时期我国现代出版事业的拓荒者和奠基者，现代出版文化的开创者与建树者，为西学东渐，为文明传承，作出了巨大的历史性贡献。他们昌明教育、开启民智的出版努力，他们所举办的现代书、报、刊社及其载体实际上成为马克思主义向中国传输的重要通道，成为中西文化发展交融的重要枢纽，成为当时的中国先进知识分子寻求和探究救国、救民真理的重要精神园地。甚至现代出版事业的快速发展与现代出版文化的初步形成，乃是中国共产党成立、诞生的重要思想文化渊源。一些早期共产党人就是在他们旗下的出版企业担任编辑出版工作的，有的还是他们所在出版单位的作者或签约作者。更多的早期共产党人正是受到他们的感染和影响，出书、办报、办刊而走上职业革命道路的。从这个意义上讲，我们对民国出版家及其拓荒性论著的价值的重视还很不够。而这套论著丛书恰恰可以对这个问题有所补救，我们为什么不认真一读呢？

是为序。

郝振省

2018.3.20

作者像
郑川谷 绘

只有自己才是自己的知己

只有自己才真会了解自己

目　录

一、写自传的动机

　　一九三五年的秋天里，"我的朋友"阿英先生受良友图书公司的委托，编纂"中国新文学大系"中的史料部分，同时也替上海杂志公司编校"中国文学珍本丛书"。有一天，偶然在我的家里和几位编译所的朋友谈起新文化运动的过去、现在和未来。他向我说："要编纂一部比较详尽的中国新文化运动史，似乎不应该忘掉你。"这原是一句客气的话，我当时听了很觉得惭愧。分析他说这句话的语意，明明在说我是一个推进新文化运动的实行者——出版商人，并不是说我是个在新文化启蒙运动中间有过什么贡献的作家。但是，这虽然是句好听的恭维话，却也多少带有几分的真实性。我自信，在民国八年（1919）"五四"运动以后以至于现在，对于上海出版界的向着新的一方面的推进，多少是尽过一些劳力，耗过一些脑汁，这是不可磨灭的，也许为同业的先进们所不否认的事实。因此，当时阿英先生和几位朋友都叫我写一本自传，来记述二十年来上海新书事业的沿革和变迁，给后来留心新文化运动的史家们一些"或许有用"的史料。只可惜我没有文学的修养，缺乏写作的技巧，绝对不会写成一部值得一读的传记文学。所以在当时虽有想写的动机，而终于不敢下笔，没有勇气来大胆地尝试一下。

到了前年冬天，张天畴先生来替黄萍荪先生所编的《越风》向我要稿，他指定要我来写一篇关于上海新出版业的史实。他说："你不妨以你自己的事业变迁为经，多量地采入当时作家们与书店之聚散离合为纬，织成一幅看去似乎平淡而实际却富有图案意味的美丽而实用的厂绸。"（他是杭州人，所以三句不离本行）这句话更比较有意思了。因为个人事业的成败变动，写出来实在是"与堂无涉"；何况像我这样平凡的人，在现代化的大都市里，干这样小小的出版商，有什么长处可述给后之来者歌颂赞叹呢？我想，假使要写一部有关于中国出版事业的沿革和变迁的书，最好应该让张菊生、陆费伯鸿、王云五几位先生来写，才有相当的理由。

不过，照张先生的说法，我既然在这号称文化街的四马路上住上了二十年，这悠长的岁月中，所见到的，所听到的，和我自己亲身所接触到的，总该有不少的故事可以搬出来，给在文化街上跑跑而留心出版事业的读者们，作为茶余酒后的谈助吧。因此，我从去年冬天起，就做了想写一本自传的准备。可是因为身体的不健康，和生活兴趣的转变——近一年来对于学习国画的兴趣特别浓厚，差不多每天晚上肯花上二三个钟点，从事于一花一鸟的传摹，同时还买了不少关于国画理论的书籍和珂珞版影印的画册，抛了画笔就拿起画册，不断地练习和鉴赏——竟分不出一部分时间，来写这"不必有"的自传。

直到后来，上海杂志公司准备出版一种《读书》月刊，于是编译所的同仁和金则人、平心等几位先生旧事重提，要我用故事的体裁写出来。这又是一桩难事了。因为我除在"礼拜六派"盛行的时代，曾经用过受林琴南先生影响极深的文言文写过几篇哥哥妹妹式的小说和谈怪志异的几段笔记以外，十余年来再没有写过一篇像样的小说或小品文。在当商报编辑时，所写的都是属于记事速写一类的新闻稿；在当书店经理任内，那更谈不到写文章了，最多不过偶尔高兴，做几段宣传性质的广告底稿罢了。

现在这丑媳妇终究见公婆面了，"像样""不像样"的问题已经谈不到了。不过我要请读者们原谅的是，请勿要用文学欣赏的眼光来读这部传记——这样幼稚的作品，否则它会使你大大失望的，因为这只是一个出版商人的自述呀！

二、我的生长地

据说我的祖籍在河南，不知从哪一代，随宋室南渡，寄居在离浙江镇海县城二十里的前绪乡清水湖村。那村庄有三百多家户口，都是姓张的。直到我父亲三十岁时，才离开了，另搬到后绪乡龙山城的西门外来住。这地方现在总名之为龙山，是镇海县治的东北角，三北（镇北、慈北、姚北的浑称）特区的起点。

我在前清光绪戊戌年（1898）四月初七日生于龙山。那时大概是在我父亲移家到这里二十年之后。

龙山的地势在国防上很重要，而风景也相当的佳丽。东南西三面都是山，是四明山的支脉。东面是石塘山，南面是达蓬山，西面是伏龙山。这三座山环抱着成弧形，一个峰依着一个峰的肩怀，像一队士兵，肩并着肩，排成一条弧形阵列，雄伟而严肃地做了龙山镇的天然屏障。北面靠着海，有两条坚实的泥塘，挡住由太平洋袭来的狂浪惊涛。鸟瞰龙山全区的形势，完全像一张弓，"三面环山，一面临海"（这是我幼年时作文的套语）。

在达蓬山麓有一个湖，叫做凤湖。有了龙山，当然少不了要有一口配偶——这象征女性的凤湖了。龙山和凤湖，这是天然的一对佳偶。在大自然的孕育里产生了一位近代伟大的企业家——阿德哥①。"人杰地灵",自从有了阿德哥般的大人物,这小小的龙山镇就具备了现代化都市的雏形:有交通部直辖的电报局,有电灯厂,有电话,有自来水,有小菜场,有救火会所,有自行起迄的火车,有马路,同时也有两辆破旧的人力车。在公路还没有通车之前,有一条突出海面七里长的石海塘,那是三北轮埠公司停泊镇北轮的码头,掌握着三北人唯一的交通总枢纽。

这条马路和石塘是龙山唯一伟大的建筑物,也是阿德哥一生最为破费的巨大工程。那条马路没有特标的路名,起点在虞家的门前,循着河直伸长到海边,花了三四年的工程,先轰炸伏龙山脚的岩石,利用轻便的运货车,一车一车地无穷尽地向东海里倾倒,待到石块填满了海底,就用水泥涂上上面的石缝,再铺些黄沙,才算告成了一段路。几十个工人,从日出到日落,没有一刻休息的时间,不停地向着大海进攻。但不幸的是,这里的海湾正冲着钱塘江口的流沙。你筑起一丈海塘,过了几天那流沙也同样地壅塞一丈;你筑起十丈,流沙也同样地壅塞十丈。轮船是永远不会吻着你的海塘的。待阿德哥觉悟到"人定不能胜天"的时候,筑成了的海塘已经有七里多长,已经花费了八十多万元。

马路和石塘衔接的中间,建造了一座新型的车站,火车的轨道从车站起一直到石塘的尽头。有十辆列车,也有头等的三等的和载货的篷车。车厢大小相当于上海的电车。当镇北轮满载着"三北同乡"从宁波到码头的接近处,另有一只镇龙驳船往返起驳,络绎地坐在这车厢里等候完毕;"呜"的一声,火

---

① 沪甬一带对于虞和德洽卿先生的流行称呼。

车头就有气没气地缓缓循着石塘，拖到车站里，在红绿旗的交扬处停住。旅客们下了车，也一样地领行李、验车票，再沿着这条马路，喜气洋洋地踏上了他们故乡的土地。

在国民政府还没有成立之前的时代里，一个乡村的建设具备着都市化的雏形，在浙江省境内确实找不出第二个。我们名之为"浙江第一村"，并没有觉得夸大（现在有了更完美的溪口了）。

光华书局的老板沈松泉、卢芳二位朋友，为了想观光这"浙江第一村"，由我陪伴着去游历过一回。这时正在夏天，龙山特有的火车头，因为夏天的旅客减少，循例载到上海修理去了。那天，照例上码头，也照例登了车厢，只是没有听到汽笛的叫声，全行列车就开始前进了，但是走动得似乎特别慢。受好奇心的驱使，他们伸首向火车前后瞻仰了一下。使他俩叹为称奇的是，原来火车是由四个脚夫在后面推动着行驶的①。

"这真是天下第一村呀！"沈老板笑着说，"龙山村居然还有人力火车哩。"龙山的风景毕竟是美丽的，当他俩坐着轿子，沿着马路上来的时候，一阵雷雨洗净了达蓬山的头面。一堆红、一堆绿，格外的鲜艳，像小品文封面上的图案。一条长长的虹，弯弯地越过伏龙山顶，落在石塘山边的海面上。马路两旁的洋槐，伸出新生的嫩枝，交互地握着手，像一条油碧的长廊。枝叶轻轻地掠过轿子的前檐，沙沙响着，叶子上新沾的雨点，洒到从上海来观光的新客人的脸上。凉风拂动搁在轿沿外的二条脚管，直钻进旅人的胸怀。汗，是不知在什么时候消失了。绿染遍了田野，蔚蓝色的天空里没有一片云影。一两只燕子，低低地掠过轿子前张着的白色布帘。几声三北特有的民歌从隔河

---

① 这火车是宣统时南京南洋劝业会会场用过的。

茅亭里传来，与水车的辘轳声相应和。

这真是人间的仙境，世外的桃源呀！

这里，从我见识世面起，没有遇到水灾，也没有遇到旱灾，没有经过战事，也没有盗患和匪祸。这样的太平乐土，真是中华民国仅有的一块干净土。

龙山，它是在南宋以后才有的遗民居留地。"在海靠海"，所以从前的居民多数是以捕鱼为业的。海，是没有明显的分界的。为争夺"我们的海"的权利，土著们就勇于械斗。听到锣声一响，男子汉都从田里海里归来，娘儿们很快地擦亮了长矛上的尖镞。等候她的勇敢的丈夫，为宗族的利益而奋斗。每一次械斗，要待打得死了人才肯歇手。"死了一个人等于一只老鸭钱"①，由宗祠里赔偿六毛钱就算完事，很少告官控诉的。这风气到民国后才消灭了。（械斗的事在三北是常有的，但是我小的时候只看到过一回"扬鞘"②）

龙山的风景虽相当佳丽，而古迹却不很多。这闭塞的海滨，当然难得有骚人墨客的光顾，或达官显贵的降临。值得纪念的，只有一方矮小的龙山城，那是明季汤和、戚继光两将军防御倭寇时，所建筑的沿海十八卫之一。伏龙山和石塘山山巅上还遗留着当时报告倭寇来犯时用以举火告警的烽火台的遗址。

城完全是泥土建造的，周围只有四方里，三面都有门，独北城没有。因为那时候北城正靠着海边，潮汐高涨时会冲到城墙的脚边。城里居民并不多，繁盛的商业区都在西门外面，有一条长长的街道通到城里，也通到龙山的码头。最大的教育机

---

① 这是一句流行于三北民间的口头语。

② 是两姓宗祠里所有的大刀长枪都拿出来陈列着，但是没有动手打。

关有两个小学，一个是阿德哥私立的龙山学校，一个是郑望枚先生手创的演进学校。演进学校坐落在西门外村的中心区，靠学校的南边有三间古旧的楼房，那就是我生长的家。

伏龙山在宋朝时候，还是海边的一座孤岛。因为整日夜受海风的袭击，山上的树木就不容易长大。山的背面，有一座尉迟恭手建的伏龙禅寺，当宋朝唯一的政治家王安石先生任鄞县令时，和寺里的方丈很知己。每隔一两个月，王先生总要雇着一只帆船从鄞县驶到山边，上来拜候他。往往要盘桓几天才回去。每一回下山，这位方丈总送他过自满仓（就是现在竖着小小浮屠的海涯灵峰），到前峰的石屋（临海的灯塔）旁边站住，远远地望着他一步步地踏着下山的石级，登上系在山脚下的木船、解缆升帆，缓缓沿向海边移动，从大到小，直到瞧不见了才回寺里。这是刻版般的送客程序。这样经过了好几年，王安石奉诏到京都去的那一天，他亲笔写下了一首诗，刻在石碑上，叫他的朋友——方丈，待刻好，就竖在自满仓和石屋中间一条山涧的旁边，留作纪念。方丈也在石碑的另一面题了"刺史桥"三字，作为纪念。从此这山涧上面有了一条半月形的石桥，也就是纪念王安石先生的刺史桥（俗名仙人桥）。可惜，这历史的故事并不为乡人们所注意，所以这块石碑已经给后来主持的僧人磨平，改刻修理仙人桥善男信女的台衔了。二十年（1931）秋，弘一法师从雁荡仰天窝下来，在寺里驻锡了好几年，于是这丛林又稍少为佛门信徒们所注意。

伏龙禅寺确实是很适宜的一所肺病疗养院，为繁荣龙山镇，阿德哥曾经想开辟为风景区，同时想在白云岭上另建一所现代科学化的疗养院。有一次请过浙江巡按使屈文六先生到龙山去参观。更有一次，他请了驻沪各国领事们去游玩，假使洋大人们都认为还有意思的话，想将伏龙山开辟为避暑地带。然而，这两个计划都没有成功，徒然让两校五百多个小学生受累在码头上站大半天，每个学生只吃了一只小面包。

现在鄞杭公路完成，三北的交通已舍海而就陆了。这伟大的建筑物，仅仅做了冬季棉花运输的出口处，阿德哥曾经为它花了八十多万元钱的这回事，已经在我们龙山的小百姓们的记忆中渐渐地消失了。因为这是无裨于民生，也算不上有地方公益性的事业，只是为便利他个人及公司罢了。

三、屠户世家

　　老实说，我对于我的家世太模糊了！

　　四十多年来，没有见过我的祖父祖母的面；也没有机会认识我的大伯伯和三叔叔。说来未免有点滑稽吧，连祖宗、三代、近支伯叔的名字，到今天还不曾弄个清白。这原因，一来是当我出世的时候，父亲已经五十多岁了，祖父母早已经去世，伯伯和叔叔那时候是否还健在，或虽健在着，但是否因为和父亲不睦，老是不相往还的，我不清楚。二来是因为我父亲生性倔强，壮年时就和族里的人不相投，独自个儿带了我母亲和刚生下不久的大姊姊，搬到别的乡镇来做小买卖。此后，族里的事情就不相过问，也没有遗留下一本宗谱，可以给我们查考查考近房远支的系统。而且终我父亲一生，从没有向我们谈起过家庭里或宗族里的事情，似乎有什么说不出的隐痛。他不向我们说起，我们自然也不便问他。这隐痛，潜藏在老人家的心头七十一年了，终于随着他的躯壳，一起埋葬在南山殿的一堆黄土里。

　　好在我现在不是想写"家乘"，也不用推算我们的最初始祖是汉朝的留侯呢，还是《三国志》里的张飞第几代孙。更就我出身的贫贱而论，也就一想而知，近代的祖先，都不曾做过什么大官高爵、中过举人进士。否则，总该多少有些民脂民膏，可以留给我们当子孙的享用享用罢！那么，即使查考得出来，也不会增高我的身份，给人们推崇一声"世家子弟"。

现在只就我所晓得的记述出来，当然要从我的父亲开始。

我父亲生长在一个贫苦的佃农家里，所以他没有好好地念过书。在我们乡下，有一种"念雨书"的，晴天里下田做工，逢下雨的时候，才领到私塾里去认字。这是贫苦子弟们唯一的读书机会。因为终究雨雪的日子比阴晴的日子少，所以"束脩"就可以特别减低。这在私塾教育时代是很普遍的。现在有了学校，这办法自然不再通行了。学校的学费，是有规定的，上课下课的时间也一样有所规定，你如果没有相当的学费，或者没有上课的工夫，那么书本子是永远不会跳上你手心的，"书"原是留给有钱的哥儿们读着玩的。

乡下贫苦人家的子弟，认识字的终究不多，我父亲已经是个例外。他既认识几个大字，于是乎就有了野心，有了向外发展的野心。祖父一过世，父亲就立刻放弃了父传的（或许是世传的）佃农生活，到龙山镇改做小买卖——鲜肉铺。

做鲜肉铺买卖的商人，在前清时代，是最被缙绅大人们所瞧不起的下等人——屠户。当我父亲从清水湖搬到人地生疏的龙山来住，这三四十年里，受尽了当地土豪劣绅贪官污吏们的折磨、侮辱、压迫。他不能反抗，也不敢反抗，于是渐渐地养成一副暴躁的性情和古怪的脾气。从我晓得，没有一回见过他欢乐的笑容。长圆的脸，岁月在他的额上凿下无数深刻的皱纹。沉默而寡言笑。喜欢吸旱烟，手里老拿着一杆长长的旱烟管，装着一只坚实的铜斗。当他心里有事的时候，只要远远地听到他用力在石板上敲着烟斗的声浪，一家人就会肃静回避，鸦雀无声。这是他特有的标帜，也是他唯一的伴侣。

我不明了，是不是他因为过度地受着土豪劣绅们的压迫，心理上起了反应。他最厌恶的是穿着长衫大褂的人们，无论你是读书的，有身份，或是在上海发了洋财的买办们。他没有交际，也不会应酬。一生没有一个知己的朋友，全副的精力，都放在他白手起家的一爿鲜肉铺上。勤俭，在他是成为习惯的了，挣下来的钱，从不会为求个人的享乐，而浪费过一文。七十岁的老翁，往返二三十里外办货，老是委屈着两条腿的。

他习惯于走夜路，太阳不下山，老是不愿起步的。偶然逢着没有月亮的黑夜里，独自走着二三十里路回来，中途在凉亭里息力，当他特有的铜烟斗敲响凉亭旁的石柱，那睡在亭子里的老丐被惊醒了：

"是立芳伯么？"

"唔！"

于是这老丐就擦着惺忪的睡眼，摸起来，燃着一把手提的纸灯笼，很高兴地陪伴他回到家里。无论哪一处的乞丐都认识他，无论什么时候，风霜雨雪，都愿意陪着他。这样，也可以说，他一生的朋友，唯有穷得一无所有，压根儿不会穿长衫大褂的叫花子们。正因他的朋友大都是叫花子们，所以他才肯将一生勤俭所得的金钱舍施给他的朋友们身上，成为缙绅大人们所瞧不起的"乡里的善人"。

这是"消极的报复"么？还是生长有一颗仁慈的心？

他是一个"无神论"者，不相信鬼神，也不拜佛念经，一生没有吃过一次斋，这和我母亲恰恰相反。

我母亲姓王，也是一位佃农家里的穷女儿。她在十八岁那年，嫁给我父亲，父亲已经二十六岁了。她顶信佛，什么地方寺庵里做着佛事，都有她的份儿。她认为屠杀牲口是顶罪过的营生，所以她虔诚地为我父亲，为她自己，为我们一家人忏悔祝福。盼望我们子女们长大起来，都另外找寻职业，结束这卑贱而又罪过的屠户生涯，脱卸了短衣，换上长衫。这样的思想不同的老侣伴，真所谓"同床异梦"了。

我有四位姊姊，两位哥哥，在兄弟姊妹行中我是最小的一个——老七；也是顶小的男孩子——老三。大哥患着肺病，死时才三十一岁，遗留下两个孩子——鸿品、鸿飞。二哥是父亲顶钟爱的一个，他不仅承继了父亲的事业，且袭荫了父亲所遗留下来唯一头衔——"乡里的善人"。

四、唯一的母校

因为父亲不愿子女们穿长衫大褂，所以我的两位哥哥，都没有读几年书，就抛了书包，学习商业。我虽是兄弟姊妹行中顶小的一个，揆之"爹娘喜欢小妮子"的常情，在那时候的家庭环境，培养一个儿子入高中进大学，经济能力还是可以应付的。至于镀银镀金，当然我连做梦也不会去想它，何况我们乡下就是富家子弟也不曾有过这渺茫的"投资"。但是，不幸得很，父亲固执的信念，无法动摇，于是乎这邻居的演进小学，就成了我唯一的母校了。

演进学校的创办人是郑望枚先生，这是三北，也可以说是镇海全县唯一的维新人物。他于光绪三十一年（1905）在乡间改革私塾，创设通德学校。后来又改为启蒙学校，到三十五年（1909）才另建校舍，正式成立演进小学。

我在八岁那年开始进李凤聪先生所办的私塾里念书，读的书当然是《百家姓》和《大学》《中庸》。读了三个月，因听从书塾里老学生的唆使，偷取母亲枕边藏着的二毛钱，买水果去孝敬他，被母亲发觉，狠狠地打了一顿。这是我受到我的母亲第一回也是最后一回的教训。打过之后，我父亲就不叫我再进这私塾去读书了。休息一年，到第二年（九岁）的春初，演进学校开学了，继续以新生资格进校，开始读"天地日月山水土木"。那时候小学制度，不分高初级，小学统称为国民学校，五年制，读完了五年毕业，就升中学，中学四年毕业，升入大学预科。大学五年，二年是预科，三年是本科。

我在私塾已经读过半本《大学》、半本《中庸》，虽然《大学》《中庸》里的文义，先生没有讲解，学生也不会领悟，可是这白纸上面印着的黑字，确实已认识了不少了。现在拿到国文读本第一册，这书里的生字，十页中倒有八页是会过面的，所以读起来，就一点不费力。当时教国文的是郑品兰先生，他认为我天资聪明可以升级，一升就将我升到三年级里。学校的课程，到底同私塾有些异样，私塾里的功课简单，除掉背书、默书、对课、写字之外，别无所事。学校里则有地理、历史、格致、算学、体操、唱歌等等（那时小学三年级起就教本国史、本国地理），我对于国文课，虽然还有几分把握，但是对于其他各课，都还是茫无头绪。尤其对于唱歌、算术，认为是顶怕、顶不喜欢的功课。因此，每逢考试，国文是稳拿第一名的，其余的大多是吃"红萝卜"。

就这样读完了五年级，总算毕业了。第六年因为没有福气进中学，仍在学校里补习一年。这一年春头，学校里另外聘请来一位新校长童友香先生。他年龄很轻，刚从宁波师范学校毕业，到这里充任校长。他有样不很好的脾气，就是喜欢打学生。

他教的是英文课和数学课。英文课是华英初阶，数学是小数。平时我的数学是老不及格的，而对于英文一门，也不大上进，说得响亮些，是不大喜欢这劳什子。所以他辛辛苦苦地教了三个多月，我连二十六个字母还没有弄清楚。顺序念下去，像老婆婆念《多心经》一般，非常流畅，若是中间挖出一个字母来叫我读，那是只有它认识我，我却不理会它。这样的笨学生，当然引起童校长的不满，何况他原是喜欢打人的，于是我的两只手心，就给他打得红肿，像捧着两只刚出笼的馒头。

从这一打之后，我就和我唯一的母校，永远脱离了关系。

就在那年秋天，演进学校的创办人郑望枚先生，为办理地方自治，征收附加捐税，做了三北农民抗捐暴动的牺牲者。学校里的书桌座椅，也同在暴动时捣毁殆尽，事实上秋季不能继续开学了。这半年，我就转到郑九龄先生的私塾里去读书，读的是《幼学琼林》。以一个小学毕业的高材生，来读《幼学琼林》自然是毫不费力，所以很得他老先生的奖许，有时居然也代替先生坐坐冷板凳，充猢狲王，自得其乐地度过了一学期。

书是不能读下去了。

第二年春天起，我踏进了社会，踏进了人吃人的社会。离开愉快欢乐的母亲的怀抱，开始度我三十来年的流浪生活。

五、不长进的孩子

书既然没有机会念下去，当然应该"学生意"了。做买卖的头一度关就是当学徒。旧商店的习惯，期限是十足的三整年才算"满师"。虽说长长的三整年，然照《十年抛砖录》①所述的理由，却并不算久。因为旧式的商业，注重在经验，一个"行业"有一个"行业"的秘诀，这吃饭的本事，是需要你暗里摸索，慢慢地自己领悟的。于是较大的或较复杂的"行业"就是再花上三年，也不会使你全懂得。

但是，事实往往不是如此，竟多有当了三年学徒，完全在替业师倒夜壶，替师母抱小囝的傭仆生涯里度过的。

民国元年（1912），照旧历的习惯计算我已十五岁了，论理该在十八岁那年，可以"满师"。可是我虽然也一直当学徒，并且当了两度的学徒，却始终没有满过一回师。这在旧商业习惯上，是很不名誉的事。凡是没有度满三年时间而中途退出的，叫做"回汤豆腐干"，不拘你是什么原因，在老人们的心眼里"回汤"的总是不长进的孩子，很少有人家的女儿肯嫁给你，除非你家里有的是钱。

---

① 是一位南货店经理某君的自述。

我第一回"学生意"是在上海天潼路的同庆永烧酒行。这酒行的老板是我们乡间的暴发户,人是白胖胖的,体重足足有二百五十多磅,嘴里老含着一根雪茄,活像个坐在寺庵山门里的弥勒佛。他家里原是很穷的,母亲还是个穷得没饭吃的再醮妇。自从他吃了这一行饭,就发起大财。新屋也盖起来了,田地也买进了,丰衣足食,"衣锦荣归",怎么不使人瞧了眼红!所以我母亲就千恩万谢地托他带我出来,也叫我吃这行饭,或许也会发一笔小财。

在阴历三月初七那天,我开始度我烧酒行学徒的生活了。酒行的重要技术叫做"品夹",将上好的原粱酒——也有用火酒充数的——羼入几成自来水,加上黄栀水,再加上一些久经浸在酒里的药材汁,那就成了木瓜酒,或者五加皮。火酒羼水当作高粱,吃了对于健康上是有很大的损害的,然而为了想赚钱,似乎都不会顾到它。如果不这样做,我们的老板就永远不会白胖起来了。

这是高级店员的工作,当学徒是毋须做的。学徒们最吃重的工作是洗瓶,每天视营业的需要,要洗完一百只或二三百只,不管你是冬天还是夏天。洗瓶用的是冷水,严寒的冬天,两只手放在冰冷的水里,实在有点吃不消,然而这是学徒们应做的工作,谁肯来体恤你呢?于是你的两只手十只指儿不待到冬天,已经像四川大旱灾里的田版了。说得通俗些,活像上海人挺爱吃的"糖炒嫩栗子"。此外,顶普通的工作,是倒夜壶、擦水烟袋、盛饭,扫地抹桌,凡是一个贱役所应做的事,你全得做。

这样,整整地度过了一年又三个月。二次革命发动,陈英士先生率领了一班革命军攻打沪南制造局,风声一天天紧起来,谣言也一天天大起来。我母亲在乡下很不安心,怕她的小妮子会被大炮吞吃掉，急得派个亲戚赶到上海来要陪我回乡去。当我亲戚踏进酒行里来说明他的来意时：

"这是不行的！"我们老板扳下脸皮说："假使每个学徒都像他一样，那不是我的行要关起门来了么？"

这句话确实有几分真理，只是我那位年轻的亲戚入世不深，他居然会答出这样的一句话：

"这我可管不了！我的事只是陪着他回家去。"

"什么话！"老板跳起来，气愤的脸上的颜色已经从白里变红到红里变青，"要回去，就永远不许再进来！"

"好……"

我就像一只羔羊般，在那位亲戚的翼护之下，做了第一度的"回汤豆腐干"。

虽然在上海只是短短的一年又三个月，我得感谢这给我当学徒的酒行。在这一年里，我为求调剂苦闷而辛劳的生活，唯一的安慰是看"小书"。那是有一个背包的书贩子走上店里来，他专做租借的买卖，每一套书只要花三四个铜子，就可让你看个饱。短小的三天一调，大部的就搁上一个半月都要得。"小书"就等于现在的一折八扣的标点书，什么都有。当然，小说、笔记是比较多些。

这批"小书"把我引进另一个天地里了。

当学徒的时间是不值钱的，迟睡早起，足足要工作十四个小时，白天里没有多大空闲的时间，给你舒舒服服地看书。可是等到午夜人静之后，用旧报纸套在电灯罩上，就很自由地让你一长二短地看下去，到你的两只眼睛睁不开的时候停止。这一年，我整整地看完了所有的演义弹词和《阅微草堂》等一类笔记书。

　　一直到了十六岁（1913）那年春季，我才始调换口味。第一本给我发现的"新大陆"，是恽铁樵先生主编的《小说月报》，那是一本商务印书馆出版的刊物，内容注重文言的小说和近代掌故的笔记。在这刊物里，我在自学文言文，于是林琴南先生成为我唯一崇拜的偶像了。一本冷红生的《茶花女遗事》就不晓得掉了我多少眼泪呢！凭良心说一句公道话，我不反对林先生（从他的古文笔法上），他的翻译小说，真给我比在学校里稳拿第一名的国文，还要有兴趣，还要进步快。林译的小说虽是各门都有，在那时最合我脾胃的要算言情或哀情小说了。这是青春期青年们必然的经历，我自然不能例外。何况那时候根本就没有讲革命谈主义的书籍刊物，有的只是风靡一时的"礼拜六派"的小说杂志。就是提倡革命的报纸，报屁股上刊登的也是这一类的作品。徐枕亚的《玉梨魂》便是当时在《民权报》上挺受人欢迎的一种。

　　老实说，当时我唯一的希望，是想在商务印书馆里当一名练习生。我有爱书的嗜好，我有看小说的兴趣，我有想做出版家（甚至于做作家）的欲望。因此，每天晚上当酒行里打烊之后，总得从天潼路走到棋盘街（那时大小书店都集中在河南路上），在每一家书店的玻璃窗外，独自个儿站立片刻，老是瞧着这五光十色的小说封面发怔。

　　"棋盘街巡阅使"这是同事们用以嘲笑我的代名词。

六、"礼拜六派"时代的轮廓

民国二年（1913）八月的某一个早晨，我在睡梦中被我母亲唤醒，说"你今天又要动身了"。我明白，从今天起，我又将继续度我一年又九个月的未曾"满师"的学徒生涯了。

"行业"是另外一门，是一家洋纸号，是设在上海新开河一个弄堂里的新康洋纸号。那家铺子是新开的，由我的二哥姊夫和一位世交的朋友合股的。我在这里"过堂"①，但是也得拜业师，倒夜壶、擦烟袋、盛饭等学徒们应做的工作，还是同样地做。

论劳逸，洋纸号的学徒确实比烧酒行安逸得多了。因为是字号式，所以休息的时间也比较早，有很多时间，可以看书或写字，只要你自己肯用功。至于公事，普通的是打栈单，送纸张，拆箱或装船。然而中国旧商店，终究一个"行业"有一个"行业"的秘诀，那秘诀就是吃饭的本领，花上三个年头的时间精力，所学的就这些"不老实"的秘诀，说得透彻些，就是"作弊"的方法。据说每一家商店里所挣的"盈利"多或少，就看你使用这秘诀的本领大或小——"作弊"的方法聪明还是笨拙。

----

① 没有满师的学徒换一家铺子继续学下去。

洋纸号里过去视为秘诀的"作弊"方法，现在大多数都成为公开的秘密了，例如"冲磅"，将实际的六十磅纸张喊做七十磅，一百零五磅的喊做一百二十磅；"剃头"，将每一令纸（五百张）抽出五张或十张，在顾客买去十令二十令时，当然不会不怕麻烦，将每一令纸都去数过的；"调包"，将比较劣等的纸张，在包皮上面换贴一种顾客所指定要买的商标牌号，待你觉察到时，白纸上已经印下黑字，要调换也没有办法了。一切的"作弊"方法，在我做学徒时代，的确还是偷偷摸摸的，在老板或经理看来，还认为是不名誉的行为，所以只有不得已时，偶一为之。现在呢，这一切都毋须再秘密了，不会做或不愿做，那你就是白痴，不仅同行中人要笑你傻，就是聪明的顾客也会欺负你是"内行里的外行"了。

在民国二三年（1913—1914）间，中国的文坛是"礼拜六派"最活跃的时代，真正老牌的《礼拜六》周刊就产生在这个期间。那时候文坛的领袖者有两个巨头，一位是青浦王钝根先生，一位是吴门包天笑（朗孙）先生，而包先生的势力似乎不及王先生，因为那时候的王先生拥有《申报》的《自由谈》和《游戏》杂志、《礼拜六》周刊三大地盘，我们不能否认周瘦鹃、陈蝶仙（天虚我生）的成名，是经他推荐出来的。

"礼拜六派"第一本和读者见面的刊物是《自由》杂志，那是王钝根从过去在《自由谈》上发表过的文章编集拢来的，用十六开本印成二期，每期售价四角，归中华图书馆印行。在当时，也许是王先生拿来尝试的，不料这两本新古董却会获得广大的读者群，于是乎引起了王先生再接再厉的勇气，第二种尝试品的《游戏》杂志就用同样的形式和内容出现了。

我们不要忽视这里也曾出现过一位天才的作家——罗韦士。他是一位年轻的海军学生，他做过《老农家乘》《两全难》等十余篇创作。这是"礼拜六派"的彗星，在那时，实在没有比他写得再好的作家了。但是这短命的小说家，仅仅发表了十余篇的创作之后就死去了。罗韦士，这一个不很熟识的名字，已经在读者群甚至曾经当编辑的先生们的脑海里消失了。

随着《游戏》杂志而风起的同样刊物（不仅内容同，就连形式和定价也完全相同的。这是中国文坛和出版界挺会玩的拿手好戏），有天虚我生主编的《女子世界》，许啸天主编的《眉语》，李定夷主编的《小说新报》，徐枕亚主编的《小说丛报》。在这许多杂志中虽然有低级趣味的，也有相当价值的。我们如果不是站在今日的立场来批评昨日，那么，我敢说文明书局先后出版的姚鹓雏先生主编的《春声》和包天笑先生主编的《小说大观》，确是这时代的"鸡群之鹤"。而尤其是《春声》月刊，拥有南社许多诗人和文艺作家，足以傲视一切的。

自从《礼拜六》周刊风行一时之后，吴双热以纯趣味化的滑稽文字创刊《五铜元》周刊；胡寄尘（怀琛）以庄谐并重为号召，出而创刊其所谓《白相朋友》。《礼拜六》在这时代真是再红不过的刊物，在六十期以前（六十期以后销数惨跌，减售五分，勉强支持到一百期为止），确有几期销过一二万本以上的。周瘦鹃先生是在这些刊物中最卖力，也是挺受少男少女们欢迎的一位作家。

在许多单行本小说里，最风行的要推徐枕亚的《玉梨魂》了。这是偶然的发现——一位曾在民权报馆当营业部职员的马志千先生，没有事了，就将《民权报·副刊》上登过的文章分类编成几集《民权素》。印出来后，销路很不错，因而他就将长篇连载的小说《玉梨魂》另印单行本发卖，不料出版不到一二个月，就二版三版都卖完了。为了版权问题和原作者发生了纠葛，两方都登着广告互相攻讦起来，于是，这一部骈四俪六的哀情小说，就随着他们的互讧而大销特销了。我们如果替民国以来的小说书销数做统计，谁都不会否认这部《玉梨魂》是近二十年来销行最多的一部。徐先生也靠了这一部书（虽然也还继续做过《雪鸿泪史》《刻骨相思记》等）居然"人财两得"了。

这是"礼拜六派"时代文坛的轮廓，也是民国二三年（1913—1914）间出版界的一般状况。

"你为什么这样清楚呢？"假使有人这样问，我直截了当地可以答复他："那就是棋盘街巡阅使的记录呀！"

七、阅读与写作

从民国二年（1913）秋季到四年的初夏，十六岁到十八岁的一年半里，我完全成为"小说迷"了，既然天天向着棋盘街上跑，自然不时也要买几本心爱的小说或杂志，很珍奇地捧回来，密藏在写字台的抽屉里，空闲的时候郑郑重重地拿出来看一篇两篇，同事们要想借，当然"严词拒绝"，即使在书的封面上摩擦一下，也至少要噘起了两片嘴唇，同你三日不理，五日不睬。这样不近人情，虽说是为了爱书成癖；但是"得之匪易"，也是一个重大的因素。

一本书的代价，虽只二三毛，然在学徒时代，这几毛钱的积储，确实不是一件容易的事。那时候，旧商店里学徒们在学习的三年期内，根本无所谓报酬。每月底给你二三十枚铜子，叫做"月规"钱，说是给你理发洗澡用的，剩下来还得买一块肥皂，自己洗涤衣服。在一年底给你的叫做"鞋袜钱"，顾名思义，就可以明白一个学徒一年所得的不过是买鞋买袜的几元必要的用费罢了，哪里还有买衣服、买书报的意外余钱呢？所以在学徒时代，衣服大多是由家里做了寄出来的，至于读书或买书的钱，那就看各人的家庭状况，或者也有"业师"额外补助的，或者向同在一个地方做事的亲戚同乡们借来或要了来的。

把洋纸字号里和烧酒行里的学徒时代我个人生活比较一下，那真有霄壤之别。因为这铺子有我的哥哥和姊夫的合股，我虽然不好自以为也是"老板"，但是"准小开"的资格是绰绰有余。因此，对于经济方面，除掉应该领取三百文的月规钱之外，遇着有"正当用途"时，当然有资格可以向会计部借支三元两元。所谓"正当用途"在那时唯有买书，当书本子一本一本地高堆在写字台上面，再看看铺子里的同事们，就以为自己是了不起的人物了，而别人呢，都是些"不学无术"的市侩。

我自己是一个读者出身的出版家，我深切地感觉到没有钱买书而要想"揩油"看书的困难。所以当我创设上海杂志公司的时候，第一步办到一切新书杂志都摊放起来，绝对地并且很欢迎没有钱买书的读者自由自在地翻看他所需要的书籍和杂志。现在这风气算是打开了，老大的商务印书馆也将所有的玻璃柜都收拾起来，换上了长方形的一张张木柜子。四年以前当我们装修新书架的时候，很多同业朋友中总以为我在节省装修费，添置不起贵重玻璃窗，但到后来大家眼见着杂志公司发行所站着看书的读者拥挤情形，于是反想到这也许是"生意眼"吧，从前花上几千元几百元做成的宝贵玻璃柜，也不得不请它到栈房里去休息一下。

读者大概还记得起吧，一本一本五光十色的新书，斜躺在玻璃橱窗里的时候，"巡阅使"们要拿它出来看一看，是多么不容易的事呀！当你一只脚跨进书店的门槛时，全铺子里伙计们几十双乌溜溜的眼睛不约而同地一齐射到你的身上来，使你没有勇气再搬动你的后面一条腿；就使放着大大方方的模样走进店去，站在某橱窗的前面，当你的一只手还没有举起来（或许是举起来抓着头皮上发痒的），就有一位伶俐的小学徒很快地跑来，站在你的身边，牢牢地盯着，盯着，盯到你走出他店门为止。在这样严重的监视之下，像我们当"巡阅使"的真是"无所施其技"。于是只有无目的地瞧哪一家铺子里生意好，卖的人少或买的人多的处所里乱钻，那时候店员们当然不会再顾到你，就是他们要顾到你，或在比较远些地方睁大了眼珠盯着你，那你也只好老着面皮"置之不理"了。

我整整做了三年"巡阅使"，于是我的处女作《冷与热》，在紧张的情绪中郑重地托邮局送到《礼拜六》周刊编辑部去。这个孩子生下地我足足有三整夜没有好好地睡过觉。这一篇小说的故事是写述一个女人周旋于贫与富的两个不同环境的青年中间，那个女人的爱情时弛时张，完全以金钱的有无为转移，冷与热给人捉摸不定。这篇作品的完成，也许曾花了好几个月的精力，自以为是再好也没有的了，编辑先生赞赏的信，就将到达自己的手里。但是，意外地，过了一星期，这篇小说稿突然原璧奉还，附着钝根先生的回信，说这篇小说故事结构和写作都还相当可以，可惜里面有很多费解的句子和别字。的确是事实，一位小学毕业的学生，想写成一篇完全用古文笔调的小说，要明畅通顺，确乎是件不容易的事。稿子虽是退回来了，但是我写作尝试的勇气，并不因为碰壁而降低。反之，我却意外地兴奋，更大胆地想创作几篇同别人不同形式与内容的作品。

过了一个月，我第二篇小说《游丝》完成了，寄到一张男人主编的《妇女周报》里去。到下一期周报出版，这篇小说居然承蒙采登了，编辑先生还在后面加上一段按语。

这可以说是一件最快乐的事情，当时心脏的跳跃格外急促，全身的血管都膨胀起来像中了风一样，坐着站着都感觉不舒服。

这一天，跑到棋盘街和四马路去巡阅时，两条腿也特别轻松了许多。当天在每一个报摊里都买它一张周报，挟了一大卷足足有几十份回来。在电灯的光罩下循回地读上它十遍二十遍。

这晚上，辗转反侧，再也不曾睡着了。一个小小的心窝，老是扑通扑通地跳动着。

第二天早晨，我去拜谒这位《妇女周报》的主编和发行人沈卓吾先生。从此以后，我们就做了忘年的朋友，这是我在上海结识的第一个朋友。（沈先生后来成了上海的名记者，中国之有晚报是他创始的。《中国晚报》就是他毕生精力所经营的新闻事业，直到遭遇了意外，死在长江里一只失慎的轮船上）

八、出版的尝试

　　"礼拜六派"时代的作品，大体可分作三种：短篇小说，文言的多于白话，大部分是以恋爱为题材，所谓"鸳鸯蝴蝶式"。青年人的身边琐事，除开读书就是讲恋爱。便是年龄大些的名作家，也以吟风弄月，谈嫖说妓为主体。换句话说，一定要"风流"，才可以称为"才子"；一定要进出娼门，才配称得起为"洋场才子"。因此短篇小说，都难免千篇一律的哥哥妹妹式的了。笔记小品，大都是因袭清人笔记的传统思想，以谈鬼说怪为主，偶然涉及于清室权贵或前朝名人的轶事。这类笔记容易写的原因是"死人无对证"。再次一等的是抄书，所谓《香艳诗话》《客中消遣录》等，可以说不必你自己用脑力。比较艰辛地写作，倒是被新文艺作家所瞧不起的"章回小说"。无论它的题材是一般社会的，或是娼妓生活，甚至恋爱故事，这其间都是作家日积月叠的经验阅历所汇，没有实生活的体验，是写不出这洋洋四五十万言的东西的。所以，如果你对于这个作家的生活清楚些，老实说在他写出来的一部小说中间，都可以找出每个影射者的真姓名和每一段故事的真史实来。这看似容易，而实际上不是初出茅庐未曾饱经世故的人所能随便写得出来的。

从民国三年（1914）冬到民五秋的三年间，我的写作兴趣非常浓厚。一方面天天加油（阅读），一方面天天生产（写作），从没有间断过。所写的东西——不配称为作品，就属于小说和笔记一类。一个连常识都不够的孩子，哪里会做得好的文章呢！到现在我连那时玩的什么把戏，一点印象都没有。不过写得多，投稿的地方也多了，因而认识不少的编辑和记者。

十七岁那一年，自己也办过一种小型报——《小上海》。因为报上刊登一篇从《医药杂志》里译来的一篇关于性问题的文章，就被公共租界工部局以"妨害风化"罪勒令停闭。这时我们政府同租界当局的协定还未签订，会审公廨的审判官完全以陪审领事的意志为意志，奉行的是一种工部局特别替住居租界殖民地的民众所订的"奴隶法律"。被告的百姓是没有上诉权的。——其实也毋须乎上诉，反正以他们的喜怒哀乐为标准的，碰你的运气吧！（这时报馆的馆址在牯岭路的余庆里，翻造过了之后改名为人安里。不料时隔二十年，我在那里弄里竖起了上海杂志公司编辑所的招牌，倒是一桩有趣味的巧合）

小报虽关门，而雄心不死！又借了几百元的债，出版两种杂志，一种是《小说林》，一种是《滑稽林》。

发行书报，在我是毫无经验，同时又没有认识一位在书店里服务的店员，更没有代理发行的杂志公司。当杂志出版后，就挟了几百本，跑到各马路上的报摊同书店，分别托他们代售。

"我有一本杂志，请你们替我代售好吗？"

"好的。"

就这样随便地交给他几十本几百本。自己没有送书的回单，也不曾向别人要回一张收条。而他们呢，也似乎欺我年轻不懂事，也没有给我一张收货条子。当时，也许你肯替我代售，已经是给我"面子"了，根本没有想到什么手续不清。自此以后，天天跑去探头探脑地张望，倘使有个人拿着我的杂志在路上跑，真会想跳过去和他握手哩。

到了月终，跑去收账，结果是一无所得。

"我不认识你，没有凭据，不能将书款平白地交给一个陌生人！"

对！理由很充足。"当时你为什么不给我一张收条呢？"

"你干吗不向我要呢？"他们说，"也许我们是有收条的，不是你？总之，不认识你！"

话愈说愈有理由，你同他拼命么？这孩子。

装满了一肚皮闷气回来，晶亮的银圆变做有字纸，再从有字纸变做法币钻进别人的荷包里。

你有什么话可答辩呢？同他拼命么？这孩子！

于是乎我又做了一回"回汤豆腐干"，负了一身债，回到乡下。

这是我廿五年前第一次从事出版的尝试的失败。后来创办上海杂志公司时，特别注重"代理发行"这一项业务，就是回想到这时候被人欺侮时的痛苦，要替有出版兴趣而没有发行经验的同志们解决他的困难。所以，最多的时候有过四十多种杂志的"代理发行"，也有过相当好的成绩。（所以不能做到十分满意者，也自有它的困难之处，非局外人所能明了的）

九、从酒保到编辑

投稿还是没有中止过。

当时所用的笔名很多，"静庐"二字还是我从民国五年（1916）起才用的笔名，直到现在，已经成为我一个正式的名号了。

十九岁的上春，我的哥哥同朋友们合股开办一家小醉天酒馆在浙江路上（这家酒馆到现在还健在着）。母亲叫我出来充当外账房，是专门记录花雕一斤，汤面一碗的起码账房，每月薪工四块钱。这个职司非常烦杂，工作时间又长，足足要十六个钟点。然而，在这样的环境下，我居然还能够写小说，并且写得很快，平均每两天完成一篇。刊登最多的是上海《中外日报》的副刊上。主编这副刊的是夏秋风先生，他待我很不坏。

进小醉天酒馆充任外账房的职司，完全是失业期间饥不择食的滥竽行为，不仅与个性不适合，就是我的商业技能也不够胜任这样的职务。说来应该自己惭愧，当过商店练习生的人连商业上的起码技能都没有学会。在那时要会识银洋的真假，成色的好歹，以及账务的格式，记账的速度等等，我都不理会。

这样要想做一个普通商人，老实说是不够资格，虽则是一个"酒保"。因而对于每天收进来的假钞票铜银元，时时发现，晚上并结"现市"，不是有余，就会短少。

这错误，除自己商业技能不纯熟，兴趣的不适合外，在账柜上面写小说，记了这个，忘掉那个，是直接的原因。这账房位置之不能久长，肚子里明白。虽有间接的股东关系，到底是一时间情面不能长久维持下去的。四个月之后，我找到了一个国文函授学社秘书的机会，就自动告辞出来。

说起这国文函授学社，在民国五年（1916）到七年间倒是轰动上海文坛的一个大骗局。社长刘××，也是一位青年的作家，他好名之心很切，为想出名，就不择手段了。那时上海《神州日报》副刊编辑是钱寄生（曾编印《上海黑幕大观》）和他相熟，他也时常在那副刊上作些香艳体随笔。有时也代替发排稿件，等于是个不居名义的助理编辑。一天，他忽然异想天开，在发稿的时候，用章秋谷的名义夹进去一张主办国文函授学社的新闻。《神州日报》在当时也是叫得响的大报，读者很多。章秋谷的大名是张春帆先生所著的《九尾龟》小说中的一个主人公，风流自赏的才子，在书里写得他很不错，读小说的人很多明白这是漱六山房主人的自己的影子，存相当的好感。这一百万言的娼门小说《九尾龟》的确销得很广远。刘先生冒用这假名，就是抓着这一点。于是在这条消息刊出之后，就有不少崇拜这位风流才子的读者们写信要求入社或索取社章。事有凑巧，刘先生有一位舅父也是姓章，住在南成都路沿马路二开间的石库门房子，他就用了这"章公馆"的地址作为社址，当然，更能使读者们信任，这一位章先生就是《九尾龟》里的主人公章秋谷了。报名和索章的人愈来愈多，一个人（出乎他意料之外的）来不及应付了，就亲自到小醉天来聘请我做学社的秘书。当时，我对于"酒保"职业正感到厌倦，写作的兴趣非常浓厚，认为舍此就彼对于我的身心都很适宜的，就答应了他，搬进"章公馆"里去住了。

中国文坛上有个伟大的偶像，受着几千万读者们的崇仰，那就是畏庐林琴南先生。刘先生自己很明白，他的幻术总有一天要被戳穿的，且很短促，到了分发讲义的一天，就是他的西洋镜戳穿的一天，要维持，非别寻一位台柱子不可。因而想到了林琴南。他住在北平，对于上海的文坛上的情形非常隔膜。"君子可欺以其方"，在他老人家前掉什么枪花呢，他是懂不到的。章秋谷于是就同他通起信来，更附去一部（他的大作）《九尾龟》请求批评。果然林先生上了圈套了，应许他担任这学社的社长，并允许撰述国文课的讲义。

不多几天，上海各大报上都用着林琴南主事的国文函授学社招生的大广告，来报名和索章的人，真是户限为穿，一天的信件，总有千封以上。经过两三个月的筹备，报名上学的不下两千人，以每个人十二元（六个月）学费计算起来，已经有两万多元现钞。这数目在一个流浪文人的手中是很巨大的。有了台柱足够号召，有了钱财，更有办法了。就分别聘请几位名作家，担任撰述讲义的讲师，如吴东园的"词学"，王钝根的"新闻学"，天虚我生的"诗学"，开始发授。这时候，他已经有了基础，似乎不需要再顶替章秋谷的假名，就将自己刘××三字拿出来任为副社长。但是对于林老先生的通信上有时还署着章秋谷的名字，有时也用××二字，就算是他新起的一个"别号"。

三个月的秘书任内，看穿了他的把戏。青年人有的是正义感，这样的骗局当然不会赞同，甚至深恶而痛绝之，天天想离开他另找一宗适合个性的职业。后来这学社弄得很发达，居然也有人想参加进去，像李××，也掮过副社长的名义。因钱的来源太容易，浪吃浪用，变成外强中干。结果，还是一逃了之。连同后来参加的人，也一同逃到北平去，改名换姓。民国十三年（1924）我进《商报》后，曾在副刊《商余》上做过一部《文坛燃犀录》，就是将这件事作骨干，来描写当时所谓洋场才子的形形色色。不料只登出三回，就被副经理徐朗西先生干涉而腰斩了。徐先生是在北平时认识他的，接到他要求不登下去的信。

就在这时候，有一天，我忽然得到一位天津朋友的来信，并附给我几份在天津出版的《公民日报》，报上面居然也刊载着我的小说。在当时，外埠的报纸转载上海报纸上的文字，原是很通行的。尤其像《中外日报》，根本销不到平津一带去，将这种报纸上所刊登的文字转载过来，更不容易被读者所揭穿。这是当时内地报纸很普遍的现象。

我的小说会移植到《公民日报》上，就是这个原因。入世不深的我，不懂得这样奥妙，又惊又喜地写了一封长信给该报的经理先生，提出质问。

出乎意外地，居然来了回信，信尾是刘揆一先生署名的，着实嘉奖了一番之后，他说：

"本报即将扩充篇幅，如先生不惮跋涉，愿聘先生为副刊编辑。"

末了，还注上一笔：

"因社中经费支绌，请半尽义务，月致车费四十金。"

天呀！这是在做梦么？"四十元"，这在我是做梦也想不到的。当天捧了这封信去找我顶要好的朋友王瘦桐,就由他的父亲一手照料之下,在一个秋高气爽的黄昏时候,登上开驶北洋班的盛京轮船。

那是第一次一个人走远路,在四日夜风浪颠簸中终究到达了华北唯一大商埠天津。

《公民日报》是反对袁世凯帝制阴谋的华北国民党机关报,开在日租界旭街。那时《大公报》正被封闭,这张报纸的销行也不能达到东马路的中国地。然而居住中国地的读者,以一毛钱一份的代价,还能偷偷地买到。经理是曾经出任过农商次长的刘揆一先生,主笔是刘铸生先生,都是湖南人。在馆中只有我一个浙江人,年龄又轻,他们对于我都很好,尤其是刘先生,他期许更殷切,俨然像一位慈蔼的父亲。

《公民日报》虽是讨袁期的华北国民党的机关报纸,同时也是党员的通讯机关,有不少的党员进进出出。然而我却始终是个局外人,没有思想,也没有主义的信仰,浑浑噩噩,除每天做我应做的工作以外,就独自坐在日本公园里看书。副刊是没有稿费的,所以投稿的人也很少,因而连一个写作的朋友都找不到。

不久,袁世凯暴卒,黎元洪复任大总统,讨袁之役告一段落。报馆也从天津搬到北平去,在宣外米市胡同,每天改出二大张,仍由我编辑副刊,同时更助编新闻。这是我做新闻记者的开始,对新闻纸和记者生活感到兴趣的开始。

在很难得的几位投稿人间,我认识了一位朋友——王梅魂,他是闽侯人。(后来我在泰东图书局编辑部时介绍他进局,曾与郭沫若、曹靖华二先生发生意见,摩擦得很厉害,就是《创造十年》上集里所写涉的"王八蛋")

张勋复辟的前夜，报纸停刊了。我不得不背着铺盖，仍回老家。

十、荒唐之夜

回到乡下不久，就结了婚。

秋季应镇海觉民小学校之聘去当国文教员。我的个性是浮动的，在冷板凳上，真有点坐不稳当，不待学期终了，又跟着一位亲戚上山东去做贩枣子客人。

我之肯去贩枣子，动机不是想赚钱，是要借此机会，走走《老残游记》上所走过的路。一半是好奇，然而多跑一处生疏的地方，多增进一些新见识，于年轻人终究是有益的。贩枣子对我是外行，当然更谈不到赚钱。

从济南到聊城有三天的旱路，那时没有公路和汽车，要走，就得搭骡车。正是青纱帐起，鲁西一带是多匪区域，旅行感觉相当的困难。我们齐集了四十多辆骡军，请了一连兵保护着。一路上，茅店鸡声，板桥人迹，倒别有一番风味。住上两个月，又经亲戚的介绍，改进津浦运输公司充任文牍，于是，一个人乘着一辆独轮手车，在广漠的大平原中走了三天，重回济南。

这家公司是新创办，还没有开始，设筹备处于商埠一马路一家旅馆里。闲着，就去西门大街的书铺子当巡阅使，或到趵突泉听"听不懂"的梨花大鼓。嗑瓜子，喝香片，学学名士们的雅致。

一天晚上，被一帮客家带到商埠一家里妓院去消遣。逛窑子，这对于我感不到兴趣的，为凑着热闹，应许主人的邀请权充"牌局"的陪客，台面上用的是"筹码"，主人没有说明是多少底的，我也不便去询问他。在这种应酬场面上，顶重要的是"面子"，尤其不该讲到"钱"，显示你的小家子气和寒酸相。

没有规定"圈数"。打完四圈，接上四圈，一直打下去，足足打了一个晚上。

阳光染红了绯色的窗帘，呵欠带在每一个人的嘴上，该是休息的时候了。主人过来检点堆在每一个客人座位前的筹码时，才使我吓了一大跳，——输掉了三百八十多元钱。

公司还没有开业，即使开业了，以我的职务而论，薪水最高也不过二三十元一月。那么这一场莫名其妙的应酬，不是已经输掉我整整一年多的生活费么？想到这里，后悔已是无补的了。我摸摸钱袋里，还剩有三十多元现钱。于是情急智生，撒了一个谎，就奔到济南车站买了一张三等票，冒着满头打下来的雨雪，丢掉了行李和书籍，毁弃了职业和名誉，别兮济南，一口气到了下关。

有一位父执——郑茗友先生——住在下关任着升顺经租处的经理。我投奔他。

这使我永生不能忘怀的长者的恩惠。在我的记忆上留下了不可磨灭的印象。

当我见到他老人家时，我很诚实地供述这一次荒唐的经过，有着不得不逃奔的苦衷，准备接受他的训斥。我这样做，以为最多不过给他责骂一顿而已，总不能不给我饭吃呀！我是他的子侄行。

出乎意外，他捧着水烟袋很安详地"咯碌碌""咯碌碌"的吸着，听完了我的供诉。

"这是青年人容易触犯的过失，不必怕，也毋须惭愧。问题只在你能不能记住这过失？……"

在他慈祥的态度下我放平了一颗虚悬的心。我真惭愧呀！惭愧我不了解他老人家的伟大。

我就住在他的铺子里。过了一天，他给我一扣商务印书馆下开支店的取书折。

"买书的钱都记在折上，我会替你归还的。"这时，我真感激得流下泪来。我还有什么话可说呢，除埋头攻读之外？

（但后来我又是一次为了打牌，几乎弄到破产。现在想起，真对不起这位长者的好意，有负他老人家的期许）

开始，我读着"说部丛书"和《资治通鉴》。终于读完了"说部丛书"和《资治通鉴》。

在下关度过了一个严寒的冬天。不，在慈祥而温和的长者之前，我忘掉了民国七年（1918）的一个冬天季节。

第二年，我的父亲去世了。

父亲是痛恶穿长袍大褂和掉笔杆儿的任何人，对于我，也不能例外。

十一、"六三"运动

失业了，一直住在乡下。

我们乡间流行着一句俗话："带鱼两头尖，赚得钱来是神仙。"像我这样既不会赚钱，又没有恒业。从民国元年（1912）起经过二度"回汤"，调换四五回职业，没有保守过一年以上的。这在乡下人势利眼光下，真是一个不长进的孩子。就是家庭之间，也渐渐地瞧不起我了。

从父亲去世之后，我和太太及刚生下地的第一个小儿——鸿志，在哥哥的豢养下，已经不堪生活下去了。家庭间的悲剧，永远在我心版上刻画下一条蛮深蛮深的伤痕。无论如何，我不能再寄生下去了，我决心要离开这大家庭，再度到外面去过流浪生活。也许会在流浪期间遇到较好的机会。

刚巧，"五四"运动的风潮起来了。很快的，从新闻纸上从北平、上海、宁波传到我们的乡下。社会每一角落里都掀起了骚动。当然啰，像我这样抱着一肚子抑郁，燃沸了一身热血的青年，更赋予莫大的同情。再也不愿忍受下去了，我要冲破这封建的樊笼，我要改造恶劣的环境，用我的血和力，创造新生命。

向三姊借了三块钱，悄悄地跑到上海。

这时，上海方面为响应"五四"刚爆发"六三"运动——罢市、罢课、罢工。

杨瑞葆先生是个热心的商人，他正以商店店员为基干，号召组织"救国十人团"。从高昌庙到闸北，普遍地组织起几千组十人团，再由每一组十人团为单位，筹备组织成一个联合总会。

这一天，联合总会预备举行成立大会。每团推举代表一人，在四马路广寒宫楼上，先行召开团代表会议。我由郑义方同学的介绍，得参加这干部组织。在会议席上议决创办一张《救国日报》作为十人团总会的宣传工具。因为我曾经有过当编辑的小经验，这工作的责任就落在我的身上。

奔走几天，总会组织成立了，会所租在白尔部路新民里。《救国日报》也就在这时候出现于报贩的手上。我的吃饭问题总算暂时有了解决。

"六三"运动过去了，接着就起来一个七省请愿运动。以反对西原借款，取消四路合同，罢免段祺瑞，解散安福系武力边防军为目标，号召七省工商学界推举代表入京（北平）请愿。

这种请愿运动，北平学生界曾经先举行过，但没有获得效果，且还有几位学生被打伤了。像马骏、刘清扬两先生，都曾参加过这次运动的。安福系的势力已根深蒂固，大总统徐世昌又是依靠段氏的抱腰，赖着四路合同的日本借款而上台的。更有着边防军的武力存在着，要打倒，要罢免，仅仅靠北平学生界的力量是不够的。这个目标太大，不同"五四"运动时的打倒曹、陆、章，非要发动全国各界的力量，是不容易达到的。

那时，上海学生联合会的会长是蒋保厘先生，《学生联合会日报》的主编是潘公展先生。他们大体同意这个运动。

终于在学生联合会的会所里召开了一个大规模的联席会议，从这会议席上推定了下列四个北上代表参加七省请愿运动：

冯复光（全国学生联合会总会代表）

裴国雄（上海学生联合会代表）

唐××（上海商界联合会代表）①

张静庐（救国十人团联合总会代表）

四位代表中，对于平津一带的地方情形，我堪称为识途老马。民国八年（1919）九月二十日我们都在天津各界联合会报到。现在还能记得起的，有南京代表刘英士先生，湖北代表施洋先生，天津代表后来在长沙被枪毙的黄爱先生（那时他的名字不叫黄爱）。还有济南的，烟台的，共占七省市区。

在天津开过几次秘密会议，都是在夜深举行的，地址在法租界一个教会的地下室里。三四天后，我们一同出发到了北平。

第一次派我们三个代表团的代表，去访问北平学生联合会的会长张国焘先生。他住在马神庙，是北京大学的理学院学生。

从他的谈话中，坚决地反对我们这一次的继续请愿运动。

"我们北平的学生已经受过教训了，这是与虎谋皮。"他不赞成这次运动，所以他不主张北平学生会再派代表参加。"但是我们决计号召全体学生和市民，在外边加以声援。"

因为北平学生界不参加，裴国雄也声明退出代表团，回归上海去了。

再经过几度秘密会议和欢迎宴会之后，我们会集了三十个代表，推举烟台代表为领导人——他是一位年已六十多岁，长

---

① 唐先生名字忘了，他是七浦路商联会代表出席上海商总会的。

着白胡髭的老人家。

　　起草呈文，签盖姓名和印章，决定十月一日上午八点钟在中央公园的来今雨轩会合。

十二、大闹新华门

由于上次请愿所得到的教训，预测这一回的效果，是很渺茫的。或许还会受到更厉害的处分：一打伤，二监禁，三枪毙。凭良心说，这三十个代表，都是单纯的爱国行为，没有政治的背景，也没有什么信仰和主义。倘就这样地被枪毙了，也还觉得是值得的，可以引起全国人民对于安福系的恶感。

鱼贯地从中央公园出发，很顺利地踏进新华门的东辕门。

新华门内圈有三个朱红色大门通过中海到达总统府。这时总统府的卫兵，已经将左右两面大门关闭起来了。我们推出领队的老人，将一份正呈文递交传达处，要他们送进去。

传达处收受了呈文，但并不专程送达，让它睡在一张古旧的桌子上，表现着一种极难堪的面目，自顾自同伙伴们谈天，偶尔以讨厌的眼光扫射我们一下。

在沉闷的空气中，度过了四个钟点。太阳立正每个人的头上。辕门外面学生和市民们已经愈聚愈多了，很多的新闻记者，用镜头钻进铁栏杆的花孔里，不断地摄影。

肚子起了叫声，心头慢慢地焦躁起来了。

"干吗不将我们的呈文送进去呀！"老人质问传达处那个

满脸横肉的家伙。

"急什么？总统在开会哩！"

传达处传出来一阵电话的铃声。空气比以前紧张起来。东西辕门的铁门关闭了，卫兵们都集中在新华门的正门高过人腰的地槛前边。我们还是静静地等候着。倦了，三三两两地坐在石阶沿上。

三点钟，总统府里派出来一位国务院参议曾毅，坐在候客室里要传我们的代表之代表谈话。

"只准派一个代表同曾大人谈话！"传达员高声叫着。

代表们起了一阵骚动。"放屁！我们这么远跑来，不是要同一个参议谈话来的。还说什么一个人！"大家不去理他。

曾参议讨个没趣，进去了。没有下文。

候着，候着。

传达室里的电话铃声又是一阵乱叫。卫兵们都上了雪亮的刺刀，形势更加紧张了。刺刀的光亮一闪一闪的使人瞧了眼花。大家有点不耐烦了。

"冲吧！我们不能老这样等着，非冲到总统府去不可！"一个代表站起来说。

"对！"

三十个人，四个女代表在前边，直向正门前冲了过去。外面起了一阵雄壮的呼声，听不清什么话。

卫兵们退进了新华门，将仅有的两扇朱红大门也关起来了。又是没有下文。

电灯吐出暗黄的光辉。曾参议第二次出来了。

"呈文见到了，国务院已经停止办公，你们都回去吧！"

"什么！就这样的对待我们么？"代表们再也忍不住气了，

有一个女代表，突的跳上蹲在辕门边的石狮子身上：

"徐世昌老王八蛋！……"

四边随着起了一阵热烈的掌声。

"打倒卖国殃民的安福系政府，打倒这老而不死的王八蛋！……"

又是一阵热烈的掌声。这时我们都认为是没有什么希望了，三十个人很快分成四组，攀登四围铁栏杆上，大家都不客气地向围观的群众开始演说，喊着口号。

辕门老早下着锁，不许人出去，也不许进来。足足一天了，没有喝一口水，饥火和愤火烧着了每个代表的心头。

到十二点钟过后，东辕门忽然开启了，昏暗中起了一阵急促的皮鞋声，进来二百多个荷枪实弹的警察，很整齐地排列在石阶沿前。

"我是警察总监吴炳湘，告诉你们，如果你们不滚出这个门，我就不客气了。"不知什么时候从人丛里钻出来一个胖得像猪一般的老头儿，用着洪亮而粗暴的口音，向我们训话。

"滚！……滚你的蛋！我们是中华民国的主人翁，站着中华民国的土地上，你敢怎么样？……"有一位代表抗辩着。

"好！"就在这一声好字下，警察队的后面更蹿出一群便衣的侦探，用一条细长的麻绳，将每个代表都上了五花大绑。

"打倒卖国政府！拥护请愿代表团！"站在四围的群众，吼着口号。我们也在里面应和着，但是每个人的声音都已经嘶哑了。

北平的警察究竟还有相当的政治认识，不知他们是真意呢还是矫作的，当我跟随他们——每五个人押走一个——踏着去警察厅的路上时，轻轻地在我的耳朵边说着：

"不要紧的，不要怕，你们是爱国的，我们奉了命令，没有法子呀！请好走，请好走！"

虽然我们在来今雨轩集会时，已经早猜想到会有被拘捕的一着，并不害怕。但是，对于他们的安慰，不能没有相当的感动。

进了警察厅，松了绑，警察们忙着招待我们坐在大炕上，更为大家倒了几壶白开水。

各人都放了胀满小肚子里的一泡尿。

十三、"谁是主唆者"

还有一份副呈文被侦缉员在烟台代表身上搜抄去了。

以地域论，上海是七省区中比较远又比较大的都市，所以在呈文的署名次序上上海写在第一行。

以上海的四个（实际只有三个）代表年龄上我比较叨长了一二岁，于是在呈文的代表名列上我被写在第一行。

这样，从呈文的形式上看起来，这一行的请愿代表团我变成为一个领导人了。其实这是错误的，我们的领导人还是长白胡髭的烟台老人家。

但是，他们似乎不清楚，于是一声呼喝——

"张静庐！"

我就被如虎加狼的侦缉员，连拖带走的从代表丛中提了出来，拥到一间很宽敞的审问室。

上面坐的当然还是这位自称警察总监的吴炳湘先生。

我们在吴友如氏许多画宝中看到过清朝衙门的"大堂"，长长的高高的案桌，遮着朱红色的桌衣，右面放置两只签筒，插着涂上红色蓝色的长竹签子，中间一只铅盒子里放着二方砚台，朱砂的和墨的。山字形巨大的笔架上，躺着一支朱笔一支墨笔，左面一块惊堂木。

没有看到刑具。——后来晓得上刑是在另外一间屋子里。

八个上着刺刀的卫兵，雄赳赳地分站在案桌前的两边。犯了爱国罪的犯人就被推在卫兵中间，对准了案桌前站着。

问过了一遍姓名年龄籍贯之后——

"你们这一回到京里来捣蛋是谁的主唆？"

"…………"这一句奇特的问话，使我噤住了。"这全国的人民一致反对的卖国行为，还待有人出来主唆吗？"我心里这么想着，可是没有说出口来。

"谁是主唆人？"拍！拍！惊堂木响了两下。

"…………"

"说吧！……"这声音响得连房子也似乎受到震撼，四壁起了一阵回声。

"好嗓子"，我想，"如果唱大花面，一定可博得全场的彩声。"我意识地退下一步，怕他还会吐出比这一声更洪亮的问话。

"……"他没有说话，只将惊堂木连续地敲了几响。过了一刻。

"没有！……"我说出这样半句脆弱的答语。我不明白，这时候为什么不说出比这更充足理由的回话呢？也许被他的惊堂木的声响将我要说的一篇大道理打断了。

"什么？……王八蛋！王八蛋！……"他用很熟练的骂人的词句，不断地吐出来，同时将惊堂木也不断地拍着。

我仍旧被推回代表室里，"王八蛋！王八蛋！"的声浪一直追跟到进了屋子里。

第二个第三个同样的被推出去，被推回来。

在屋子里远远地可以听到骂着王八蛋和惊堂木的声浪。同样的可以见到每一个被审问的代表，涨红了脸儿回来。

没有被审问完毕。我们九个人先被几个侦缉员绑上了绳子，向进来时的大门推出去。

"枪毙吗？"我想。承送行的侦缉员的扶掖，爬上两辆预停的骡车里。

已经是夜深了，路灯睁开它朦胧的睡眼，骡子受着两下清脆的鞭策，四只蹄子略略伸缩一下，就一拐一拐地拖动了我们九个罪犯，向前门大街而去。

"上天桥吗？"我低低地说。

"那当然是去枪毙。"坐在我前面一位代表接着说，"达到目的了！"

大家发出一阵不自然的笑声。当时，我似乎没有感到死的可怕，连怎样枪毙，枪弹打进去之后，怎样倒下去，也一点都没有想到它。

"怕送到保定去吧？"还有一位说，"刚才不是有个警察说城里的监狱关不了这么多人吗？"

大家都没有响。意思是枪毙也好，送到保定去监禁也好，反正是"预定"的。

蹄声冲破沉寂的空气，车轮辗着沙石子，发出杀杀的声音。偌大个北京城，整个都睡着了，连狗的叫声也没有。

大家感觉有些倦意。是的，太兴奋了，这时候该好好地睡一觉。

又是两声清脆的鞭策声，骡车拐了个弯转进一条小胡同。

"下来！"坐在车前和车夫并着肩的一个武装警察跳下了。屋里蹿出了十几条大汉，将我们拖进一间昏暗的小房子里。

一阵霉土难闻的气息扑进鼻孔，打了个寒噤。

脱下长袍，解开衣钮，褪下鞋子，裤子，袜子。每个人都经过详细的检搜。

"银洋交给我！"一个侦缉员说，"连裤带褂袜带子一起解下来。"

很驯服地点交过了。

"随便躺吧！"他很客气。巴不得这一声，于是我们就爬上靠壁木板上，横七竖八地躺下来。倦了，一合眼就有人吐出呼呼的鼾声。

"传张静庐！"朦胧中听到有人呼喝。接着有人将我推醒，两个人挟住一个，拖到后面一个院子里，又是"大堂"。

"啊唷！啊唷！"隔院传过来一阵惨痛的呼号。我被惊醒了，揩揩倦眼，仔细地瞧瞧这"大堂"的轮廓，还是一个样式的。坐在中间的一个瘦长脸儿小胡须的长官——东洋胡髭，像街上所贴的仁丹广告牌。

后来打听到这就是×队长，北京的侦缉队长，杀人不眨眼的人间活阎罗。

还是这么一套：姓名，年龄，籍贯。

"谁是你的主唆人？"

"没有！"

一阵惊堂木。

"滚下去！"可是，没有"王八蛋"。很有礼貌，不比吴总监粗鲁，似乎他的嗓子也没有唱大花面的来得洪亮。

照样被推回拘留室（这回不是代表室了）。别一个同胞被熬煎的惨痛的呼号声还是不绝地从隔墙传来。

第二个，第三个……

真的倦了，纳下头便呼呼地睡着了。

"传张静庐！"又是一声呼喝，于是又被拖到"大堂"下。

姓名，年龄，籍贯，还是照样的一套。

"谁是你的主唆人？"

"没有！"

接着又是惊堂木拍了几下，又是连拖带拥地送回拘留室。

第二个，第三个……

靠院子有一个方形的小洞（够不上称它为窗），透进了淡白的阳光，天亮了，就是要再被审问，也得要睡他一下。

醒来，已经吃中饭了。一大锅子的豆腐白菜汤，每人一大碗大米饭。整整一天了，吃到这一顿饭，格外的香软。

看守的是位健壮的汉子，对待我们似乎很客气。"你们是爱国的！"他嘴里常常这么说着。

屋子是矮矮方方的一间，门是木做的栏杆，像放大的鸟笼，也像牛棚。进进出出都要将木栏杆推上去，放下来。这一点未免有些别致，同普通的住宅不一样，看到它真有些不顺眼。为什么犯了罪就应走着这样鸟笼式牛栅式的门呢？我不懂。打样的建筑师他心里明白，也许这就表示它是监狱，而不是你的家。

十四、踏进出版界

代表团的人数是三十个，被拘捕的据说有三十一个（另外一位是从天津跟来的记者），分别监禁在三个处所：关在侦缉处的，是待遇最恶劣，也是他们心目中认为顶不驯良的九个。其中有一部分在警察厅里，一部分在保安处里。后来听说关在保安处里的有散步的自由，有浴缸，有四碗小菜的饭食，这比住北平学生们常住的公寓还舒适。关在警察厅里的，食用也很不坏，原因是外间不明了情形，以为我们三十一个一起关在警察厅里，所以时时有团体送来的慰劳品，食物和用品。结果，他们几个人吃不完，用不了，且分送给看守的警察们。

我从上海动身时，天气还相当暖和，穿的是夹袍，也没有带被褥。当天在拘留所睡了一夜，第二天就被寒气袭醒。北方的天气，当然比较冷，听说唐山已下了微雪。这间拘留所只有一个小圆洞，地下发着浓烈的霉味的泥土气息，永远透不进太阳光；坑的泥壁上，横横竖竖抹满了臭虫的血痕。栅门外是检查室，每个"罪犯"进来时都先得站在那里"抄靶子"。泥壁的那一面是"用刑室"（这是我杜撰的），我们可以清晰地听到惨厉的号叫声；同时也常常看到长而细的用铜丝缠成的鞭子，黏着鲜红的皮血，颤颤地闪过我们的"洞口"。

我们很侥幸，没有尝到这鞭子的风味，否则，"谁是你的主唆人？"我们，一定能够很快地吐出九个不同样的姓名来，毋须乎再劳动吴大总监的肝火了。

总究还是"爱国犯"，在费了九牛二虎之力，交涉结果，以每天一毛钱的代价，租到九条极污臭的被褥。更容许我们每天花一元钱买到两份当天的报纸。还时时可以用高价买点牛肉烧豆腐白菜汤吃。

在报上，读到吴佩孚从洛阳打来的电报和唐继尧从云南给靳云鹏内阁总理的通电。总算是得到胜利，为着拘捕请愿代表，摧残民意的过失之下，靳云鹏内阁倒台，龚心湛以财政总长资格代靳而组织新内阁。

不知是哪一位"狱友"说过这样一句话：

"唯有住在监狱里的人，懂得镇静。"

坐监，是失业者最妥善的生活处所。除掉头两三天感觉不自由不舒适外，久了就一切都习惯了，而且很安适。起息有一定的时间，饮食有规定的限度，不会给你吃得过饱，也不使你饿死。没有人敲进门来讨债，也无须乎付屋租和包饭钱，真是再舒适没有的了。不信，你瞧，住过监狱的人们不是都白胖胖的么？虽则这白胖并不一定是健康。然而在失业期间，有一顿没一顿，就怕连这不健康的白胖都不容易有哩！

我是因为失业，在家庭里生活不下去了才跑出来的，幸运地给我进了这免费的"公寓"。久了，一切都习惯了！所以也不想就出去。没有主义和信仰，没有铁的纪律的团体是不会长久存在的，这时候我们所代表着的那个"十人团总会"也许早已经散伙，仍各自回去做他的本行生意去了！那么我如果一旦被请出去，不是又要回到生活不下去的大家庭里去么？这次回去更难，头一次到北平是当编辑，这一次却是来坐监。乡下人有个标准观念，"坐监的总不是好人"。虽说是"不到此地不算英雄汉！"然而这不过是"英雄"们聊以自慰的自我宣传罢了，谁会恭维这坐过监的"英雄"呢？何况我，大家都晓得并不是"英雄"，即使也坐过监，还是冒充不了的。

是不是别人也有我同样的感想，不清楚。然而四十八天的拘留生活，却在镇静中平稳地度过了。

"请你们今天都出去了，厅里来的公事。"那位已经变成为我们的朋友的看守者，笑嘻嘻向我们道贺。

说走就得走，你不愿意也没法子。

经过北大、俄专等的慰劳之后，被送到天津。马千里先生是天津民众运动的领导者，招待我们很周到，一直到济南，南京，上海。慰劳尽管慰劳，失业依旧失业，一重心事又袭上我的心头。

大家都明白请愿运动是民众最懦弱的表示，要打倒北洋军阀是有待于更进一步的运动——革命。

国民党起来领导了，孙伯兰先生在上海组织全国各界联合会，各地代表已陆续集合拢来。我居然被宁波各界联合会领导人金臻庠、陈荇荪先生所赏识，推举为出席总会的代表。失业恐慌又得暂时解决了。

在会里，我认识了一位上海的出席代表——赵南公先生。

他是泰东图书局的股东兼经理，是充满着亢爽豪侠的燕赵之士。那时他正在穷困挣扎之中，深深地感到自己精力的衰颓，和书店经营的不得其法，要想找寻一位相当干练的襄理人。

在不多几次的谈话之后，我被他认为理想中的助理者。

我开始主编一本月刊《新的小说》，从此我踏进了出版界。

如其说我有着想做个出版家的企图，毋宁说是我有着爱书的嗜好。从少年时代起，我就喜欢"书"，到现在为止，这个"怪癖"还没有改进。因为自己基本学识的浅薄，仅仅对于文艺一部门感觉兴趣，所以我所爱的书，也仅仅限于文艺部门的书籍。所谓爱，不是珍本、古版，而是很习见的普通书；所谓爱，并不是想将它珍藏在柚木的玻璃书柜里，而是买来看，看了就随便放在枕边、案头或书架上。无论它是怎样好的书，定价怎样贵的书，想看它就要买回来，朋友们借给我的我不要，图书馆里有的我也不去，一定要自己出钱将它买回来才愿意看它。有时看不下去，或明明晓得没有时间再看它，还得要花一笔钱去买回来，翻看一下目录和序文，就抛在枕边，到记起时再去翻一下。这样，全不是为想多读书而爱书，为要增进知识而爱书，岂非"怪癖"！（到今天止还不曾踏进过任何图书馆）

从民国元年（1912）起，我就做着棋盘街巡阅使，即是这"怪癖"的作祟，风霜雨雪之夜独个儿站在书店的大玻璃窗前瞪着新书的封面，两度"回汤"想改行，唯一的希望是进商务印书馆当练习生，也是这"怪癖"的作祟。

在出版界已整整度过二十年了，究根探源，还不是都为着这"怪癖"的作祟吗？——我爱"书"。

十五、泰东图书局的转变

《新的小说》出版后，倒有四五千份的销路。浅薄尽管浅薄，幼稚尽管幼稚，在当时，上海还正是"礼拜六派"小说盛行时代，一本不伦不类的上海人打话"半栏脚"式的新刊物，能有这样的销数，确实不能说它坏。

泰东图书局的股东，多是与政学系有关系的。在民国三年（1914）创办这书店时，出版计划注重在政治方面的。后来讨袁之役胜利，股东都到北平做官去了，无形中将这家店铺交给经理赵南公一手包办，他也出了好几种"礼拜六派"的小说，像《芙蓉泪》等等。这时却大大靠杨尘因的《新华春梦记》赚了一笔钱（虽是这一部书上赚了些钱，整个书店的经济状况还是很困难的）。

他很明白这已是"回光返照"时代，再过下去所谓"鸳鸯蝴蝶式"的小说书不再会走民国三四年（1914—1915）的红运的了。于是，他就决定放弃过去的一切，重建理想的新泰东。

我们如果是身处其境的人，就该懂得一家旧的书店，要放弃它的上了年纪的旧的一切，转变为新的书店，真是一件很艰难的事，还不如痛痛快快地另开一家新铺子来得容易得多哩！

一家书店有一家书店的发行路线，等于说某一种书店自有某一种书店的发行路线。比如泰东，它是出版《新华春梦记》一类小说书的，它已经将推销《新华春梦记》一类书的发行网布定了，书店的营业是靠"放账"的，出版的书，委托各地贩卖书店代售，卖出还钞，很多的卖出了也不还钞，于是乎有了"账底"。这"账底"，也可以说是"千年不还，万年不赖"的长期欠账。一家书店要先有了一层"账底"，然后可以逢节逢年，在"账底"以外的欠款项内，收到三五成已经卖掉了的书款。（自然，大资本的书店有了自己直接的分店支店，这痛苦就可以免掉了）

出版一本书，在算盘上打起来，总可以赚钱的，而且赚得很不坏，那么为什么有很多很多的书店会倒闭会归并呢？为什么著作人自己捞腰包印行一本作品，到头连"造本"都捞不回来呢！这就是"账底"的关系。换一句话说，就是说你要花上半年一年的精力，将赚来的钱来铺这"账底"；没有"账底"就没有人替你贩卖。就是有人替你贩卖，卖出之后还是不还你的钱。这"不还的钱"说来说去还是"账底"。

泰东要放弃这现成的"账底"而另行"打桩"，真是相当的困难。

全国各界联合会被法租界查封了。同时我还生了一场"大头疯"的怪病（后来经宝隆医院医生的诊断，说是没有阳光的"免费公寓"里传染来的）。病好了，就改进泰东当编辑。开始租在南成都路一个里弄里，过了几个月又迁到马霍路德福里一幢两楼两底的石库门里。

在初成立时，还有一位王无为（新命）先生，一位王靖（梅魂）先生。无为是主编《新人》杂志。因外稿的缺乏，老是唱独角戏的。他的写作真敏捷，记得《新人》出过一期废娼运动专号时，十几万言厚厚的一本，竟由他一个人花了十天十夜的工夫，分门别类将它完成。王靖在译托尔斯泰的小说集。

那时，我的思想近乎无政府主义，无为也有这倾向。在行动上，他更实行不坐人力车，"咯碌""咯碌"老是拖着一双半统皮鞋跑东跑西。一天跑几回四马路，也不感觉吃力。不久，他离去了。

搬到马霍路之后，我又请了两位助理编辑——沈松泉和曹靖华先生。沈先生年龄顶轻，看见人总要脸上发红。我同他相处得很好，差不多十年中没有分过手，老是在一处工作的。曹先生对我也不坏，可是他很瞧不起王靖，常常吵嘴，来了不久就愤而辞职，到俄国读书了。待郭沫若先生从日本来当编辑的时候，我已经不编杂志了（《新的小说》从七期起由王靖接编下去），担任的完全是属于出版部分的工作。因南公对我的信任，关于对营业方面的事务也叫我替他办理。

我有爱书的怪癖，所以将一本书从付排到装订出版，都由自己亲手照料，真有说不出的快乐。而于营业方面的"生意经络"，倒也感觉相当的兴趣。责任的驱使，下雨落雪都要到太平洋印刷公司去走一遭。日夜工作，乐此不倦。泰东因经济拮据，工作人员的报酬是很菲薄的。一个月没有一次整数发薪的事，总是陆陆续续在柜上碰到有的时候随便拿三元五元。他是马虎不过的人，对编辑人也是如此，既不讲明一定的薪水，也不讲明在所里（工作时间内）所做的文章和所外所做的文章著作应属于谁的？虽是当时出版界还没有抽版税的先例，然而对于著作品的所有权当然应该划分得清清楚楚。在那时书店的习惯法，凡是出了薪水的编辑员，在编辑所工作时间内所做出来的文章，其版权似乎都属于书店的（一般较大的书店也是如此）。

所外的属于作家自有，仍可以另外作价卖给自己的书店出版。泰东根本没有这一套，既不讲定版权问题，又不规定每天的工作时间，很自由地跑进跑出，也有尽一两个月不必做一篇文章的。

为了这，从创造社出版部成立后，重新排印《少年维特之烦恼》，出版时有一篇郭先生的增订本序，中间骂得赵南公啼笑不得，这在我们当日同在一处工作的人看来，未免觉得是非不明！因为这是属两方面的事：一方固然囿于习惯，太马虎了；但是另一方面为什么当时也不认认真真地划分一下？岂不比后来争论好得多么？

沫若第一回来泰东，大概有半年光景。我的家眷也住编辑所后一间亭子间里，还带着三岁的小孩——鸿志。他很喜欢他，常常同他一起玩耍（现在这孩子已经二十岁了）。他也同王靖合不来，同靖华一样很瞧不起他，不过没有当着面吵过架。《创造十年》里的"王八蛋"，就是指着他。

十六、创造社的摇篮

因为生病，王靖请一位留日医生打一支清血针，不知是针头消毒不清呢，还是手术不高妙，打了回来，手臂当夜发肿，并且痛得很厉害。一个人在痛楚时总会不自主地喊姆妈，或是喊爹爹；可是很少有用骂人的词句来替代呻吟的。然而，王先生却例外，他愈痛得凶，愈会高声地喊——

"王八蛋！王八蛋呀！"

这在我们南方人听来（虽则他是福建人）未免特别触耳！经他昼夜不息地喊叫，弄得满屋子的人都感到不快，也感到别致。因此病医好了之后，大家都加上他这个别致的绰号——"王八蛋！"

"王八蛋！"

他听到了也不以为意，有时轻轻地也回给你一声——王八蛋！

这是好玩，也是嘲笑他的意思，其间并不含有"骂人"的成分。否则，在同事间无论性情合不合，或是破了面吵过嘴，也决不会随便用"王八蛋"来骂一位熟人的。

事隔十多年，故事也模糊了。不料因《创造十年》里有这样的一句——王八蛋，竟引起了一位某先生的误会。我曾经为这误会，间接地替他们解释过，人微言轻，似乎没有什么效力。

在我的手里，替沫若印出一本《女神》，一本《茵梦湖》。当《女神》付排时，他是主张用新五号字排的。用新五号字印在洁白的毛道林纸上，真是黑白分明，十分美观。可是，上海普通印刷所里都没有这种字体，我曾经跑到虹口日本人开的芦泽印刷所去探问，开价要两元一千字排工，吓得不敢成交；还是用的普通五号字体，普通的报纸印刷。以看惯了日本书的眼光来看，它当然会引起他的不满意。《茵梦湖》付排之后，他又回到福冈了。

沫若走后，郑伯奇先生来编辑所度过一个暑期，译完了一本《鲁森堡之一夜》就回日本去。南公致送他一百元钱，也没有说到版权或是版税。

第二年，沫若重来泰东，因带有太太和孩子们，不便一块儿住在编辑所里，由南公另外给他找一幢哈同路民厚里的住宅（因那时田汉在中华书局编译所，也住在民厚里）。房租和食用，都归书店供给。同时郁达夫、成仿吾、李凤亭诸位，仍住在马霍路，《创造周报》就在这个时期出世的。

编辑所的人员加多了，一切的开支和各人的费用也比较增加了。泰东的经济状况向来拮据，这时更显露捉襟见肘的窘态。只是一种周报，即使它的销路不坏，也盈余不了多少，何况还得贴本。因之，为要顾全各同事的费用，就约定在《中华新报》上另编一种副刊——《创造日》，每月由报馆津贴一百元编稿费。此外，他自己也谋到一个农商部的驻沪商标局长的官职，将收入的一部分补助书店的不足；同时也可以安插几位朋友，减轻他的直接负担。达夫先生曾在那里兼过几个月的科长职。

可以这样说，泰东，是创造社的摇篮。泰东，在初期的新文化运动中间，它是有过相当的劳绩的。现在这古旧的书店，已经是有名无实，不堪回首了。

说到营业，当民国九至十年（1920—1921）间，虽然有创造社的刊物：《创造季刊》《创造周报》，和类似创造社丛书的：《沉沦》《冲积期化石》《玄武湖之秋》《鸢萝行》等新书出版，但是，在那时候，书的销行却并不畅旺。直到民国十二三年（1923—1924），《洪水》半月刊出版前后，这初期的小说书和《创造周报》合订本等等，都忽然特别地好销起来，在这时期中泰东似乎才获得了意外的收获，报答他过去艰辛的劳绩。然而不久，光华书局和创造社出版部都相继成立了。

十七、外勤记者

　　泰东因为经济困难,对同事们的酬劳真是微薄得很。我大约每个月可拿到二十元左右,但得三元、二元分几次在柜上领取,在这种环境下,家庭生活的窘迫,可想而知了。那时我是两个孩子的父亲,一家四口,另住在白尔路一间前楼上。到民国十年(1921)秋,承南公的转荐进联合通信社任外勤记者,负责的是团体活动的新闻,和会议席上的记录,工作比较简便,有四十元一月的收入。做了不久,又承李征五先生的推荐,担任香港中外交易所的文书股长,月薪是一百四十元,还可以自己带一位助理员。在泰东,我与松泉的友谊十分亲密。我离开泰东时,他还在继续服务,然因家庭经济状况不好,曾经对我说过:"沫若答应替他译一本童话集,想自己印出来,挣几个钱仍回到中国公学去读书。"〔郭沫若《创造十年续编》说:"在夏天曾托我挪点时间出来,替他们(?)译部小书。我答应了他们,便把安徒生的有名的童话《没有画的画谱》,由德文重译了起来。但到译得只剩下一两夜的光景,泰东的赵南公却把他们同时开消了。那原因,我至今都还不大明白,大约也怕是赵探听到他们(?)有做小伙计买卖的消息吧。"大概就是指

的这回事罢？]

　　为什么突然会没有下文了呢？这说来是很奇突的，不仅郭先生不明白，就连所谓"同时开消"的赵南公也不曾晓得。

　　原来我接到李征五先生的通知，已是晚上九点钟了。"今晚就要下船，天亮要开的。"他说。只有几个钟点，要整理一下自己的行囊外，还要找寻沈松泉，同他一起走。一则，本来有个助理员可以带，还能帮助我缮写正楷。他的小楷很秀媚可爱，而我的字体恰又挺不漂亮，所以以后凡遇到文书的工作，我总要他在一起的。一则，他的经济状况同我相等，老是不够应付，弄一本小书是否一定可以挣到钱，还是渺茫！现在既有现成的六十元一月的助理员位置，何苦而不舍此就彼呢？因为这两个原因，决意要找到他。不料他这晚上回家特别迟，到早晨三点钟，我们才在轮船上见面。因为时间太匆促，各关系方面都未曾通知，在未得到从香港寄回来的报告信之前，很多朋友认为是失踪了（当晚，正值我第二个孩子生下地，因匆匆离家，连小孩子的面都不曾见过）。

　　我向来对一个书店职员利用他的职位在外边做"小货"买卖是很反对的（到现在还是这样，所以我无论当经理或是小职员，自己从来不曾做过一本额外的"小货"）。然而这些事，在南公倒又不在乎，泰东的店员，很少不自己做"小货"的。最有成绩的如黄济惠先生，靠一部新式标点的《儿女英雄传》，开过梁溪图书馆。其余如群众、震旦、儿童等老板，都是在泰东职员任内印行过书籍而后出来自撑门户。不过因各人的经营手腕的不同，也有成功的，也有失败的。松泉的"开消"泰东，是临时的决定，和这本"小书"无涉，与赵南公的"探听到小伙计买卖"也没有关系。而且对于我的行踪，更没有一丝一毫的联系。

我之所以肯去充交易所文书股长的职务，完全为的是钱。家庭的负担，生活的高压，不得不使我抛弃兴趣所属的出版事业，而进入素所厌恶的投机市场。

交易所高潮很快低落了。我将松泉推荐给沈九成先生。沈先生很有大企业家风度，肯提拔青年人，因此居然没有经过股实铺保等手续，就派他在香港三友社担任助理会计。后来更由港社派遣到新加坡分社管理会计，有上万的现金进出，并不加以疑虑。他走了之后，我经南公的电催，回上海进胡政之先生等创办不久的国闻通信社，担任采访政治新闻的外勤记者。这位置是严谔声先生的后任。初做外勤记者，而又要在渺无基础的政治新闻圈子里活动，确实感到有无从下手之苦。幸而这时期，国会南迁，在上海设有一处通讯处，还有一个国民党的通讯处，都可以时常跑跑。因职务上的关系，在这一时期内认识了很多政治家和革命家。后来为一件小小的误会——反对浙江废督裁兵和自制省宪法，实行变相独立的事，几乎给浙江督办卢永祥抓去。通缉我的公文，已经带在特派来沪拘捕的金副官长身边，经杭辛斋先生的全力担保，才算保全了一条性命。因为这场风波，社中似乎对于我不很满意，怕我还会发生与通信社关系方面有所不利的勾当。其实要做政治方面的新闻记者，有时对于政治认识不免会有不同的见解！何况那时在军阀统治下的浙江，看他这种"别有企图"的裁兵废督的欺骗手段，身为浙江老百姓，难免要说几句公道话。话说得不当心，既有生命的危险，又与所属的机关宗旨不相符合，这碗饭当然不会长久容许你捧下去的，毋须等候社长给你"另请高就"的通知信，我已经到杭州筹办《西湖晚报》去了。

十八、商报馆五年间

因朋友们有自己办一份理想小型报的兴趣，同到杭州筹备《西湖晚报》。在内地办报，要先向警察厅登记，得到批准，才可出版。我们那时都不懂这手续的麻烦，冒冒失失地跑到杭州，租好房子，装好机器，一切都准备舒齐了，左等右等，批示还是石沉大海，杳无消息。

这时的厅长是夏超，他有做省长的企图。不晓得是谁替我们放了把野火，说这报纸的后台老板是曾经做过浙江巡按使的屈映光。

"他为什么要来杭州办报呢？"也许是想卷土重来，复任省长。这把野火放得不大不小，经"候补省长"的心头一疑，我和朋友们千辛万苦筹集得来的两三千元资本，就在这一疑之下，化为乌有了。三四月的筹备工作，四五个朋友的一片高兴，都给"野火"烧得精光了。

报办不成，仍回到上海来。这时恰巧上海商报馆因席上珍自缢案的牵累，由汤节之让渡给李征五。有李先生的关系，得踏进商报馆，在书记长陈岊怀先生之下，担任交际书记的职务。总管理处有西文书记李祖范先生，中文书记何璇卿先生，再加上一位交际书记，未免有点特殊。所谓"交际"工作，原来是代表报馆吃官司的。办报纸，尤其是在次殖民地的租界里办报纸，随时有吃官司的可能。这不属于编辑部又不属于营业部的特殊工作，却落在我这交际书记的身上。"公堂"不必天天上，官司不是天天有的吃的，所以我的交际工作倒很空闲。

《商报》的主笔是陈布雷先生，"电讯"编辑是潘公展先生，"本埠新闻"编辑是朱宗良先生。经过一年"交际"之后，我才进入编辑部担任"本埠新闻"的编辑任务。这时，报馆的经济已相当困难，除固定的编辑人员外，没有采访新闻的外勤记者。无论出了怎样重大的事件，除采用各通信社新闻稿之外，并无专访（资本较大的报馆那时也没有设立采访部）。所以各大报的本埠版，大致相同，无法使它特殊，更无法与别报竞争，编得出色一点。倒不及电讯版，有自己不同样的专访电，可以编出与众不同的新花样。在这样环境下，我们（同朱宗良先生）都感到痛苦，又不为上级人员所原谅！

对于报，我虽然有很大的兴趣，但对于这毫无办法的《商报·本埠版》，整整干了四年没有一些成绩，自己明白。

虽然一无建树，但"五卅"惨案发生后，我们的本埠版也曾得到读者和同业间的赞许。它打破过去畏首畏尾的因袭排法，将全都有连带关系的新闻，都集中在第一版里，标着极显明有煽动性的大小标题，字里行间，宣传市民们一致起来反抗"文明绅士"的野蛮行为。这是值得称赞的，朱先生的"心血"！

《商报》，这奇特的新闻纸！

顾名思义，这张报纸是给商界阅读的东西。可是事实上，恰恰相反，它是商界中人挺不喜欢的一种报纸。虽是报上另辟有一栏很有价值的商业金融，然而这特色并不能帮助这张报纸在商界中销行；相反的，畏垒先生的评论，公展先生的《国际一周》却拉牢了不少知识分子的读者。

除评论外，新闻方面限于经济，是不能表示特色的。尤其是副刊的《商余》，从张丹斧、王钝根以至于我的朋友陈小菊，都没有将它弄好过。

李先生去天津后，北伐业经出动，那时的后台老板傅筱庵，委请方椒伯先生继任经理时，我就离开了报馆，且离开了上海。

为了公展的一则电讯"孙传芳徘徊歧途"的标题，引起一场大大的风波。布雷、公展都相继脱离关系。《商报》的精神丧失了，不久就关了门。

从十五岁时离开温和的家庭，唯一的母校，踏进社会，到二十八岁的十三年间，掉换过不少的职业和服务处所，从没有做满到三年以上的时间。二十八岁起进入商报馆到那时离开，计算起来倒足足干了五个年头。在我全部的生活史里，占着相当重要的一页。因生活的安定，家庭经济，也比较舒适一点。

第二年夏季，我们——松泉、卢芳同我，合办一家"干伙"的光华书局——上海第一家纯粹的新书店。

十九、光华书局的诞生

当倡办《西湖晚报》的消息，告诉远在新加坡的一位"候补华侨"沈松泉时，他非常高兴他的朋友有了自己的新事业。不等我的召请，就向三友社辞职赶回祖国。不料他不争气的朋友"自己弄一张报纸干干"这小小的企图又告失败了。

怕又要失业了，不得已再进泰东编译所工作。这时候泰东编译所已经风流云散，徒有其名而已。沫若仍在上海，却另住环龙路上，与泰东图书局没有什么关系。创造社同人的新作品，也有二年多没有见面。

到民国十三年（1924），"五卅"惨案后，我们帮汪北平先生在太和坊办一张《海员工报》，松泉有时也来相帮发稿。这时，卢芳先生也脱离友邦保险公司，我们三个人就常常会在一起。

一天晚上，松泉和卢芳同到商报馆来看我，说他们有个新计划，要我参加。

"干什么呢？"我问。

"办一个出版部，慢慢地将它扩大成为新书店。"

说到书，对于我是顶感兴趣的事，就在这一晚上，我们到《海员工报》社里，共同商决一个初步办法。办法是很简单的，因为大家都没有钱，只好各人尽各人可能担任的工作。我是对于印刷所有相当交情的，同时也吃过纸行饭，就归我向纸行赊欠纸张，同印刷所办到不付钱可以先印出来书的交情。卢芳担任营业上和事务上的奔走。松泉担任拉拢几部暂时不付现金的稿子。

如果都能顺利地办到的话，我们就不需要多量的资本。三个人只拿出来二十五元钱作为必需的筹备费用——文具笺封招牌等。

二十五元，就是光华书局开办时仅有的资本（后来从太和坊出版部搬到四马路市房时，又由我半捐半募地弄到二千多元资本）。

光华书局的创立，我们要感谢郭沫若先生的热忱协助。就是他说的我们同在泰东编译所里有过半年以上吃大锅饭的交情，愿意将新著的《三个叛逆的女性》和在许多刊物上发表过编纂起来的《文艺论集》交给光华印行。同时，更以最低的条件——五十元一期编稿费，编辑一种半政论半文艺的杂志《洪水》半月刊。

创造社的刊物从《创造周报》后没有另外出版过，创造社同仁的新作品，也整整有两年不曾出版过。

《洪水》，这有特殊风味的刊物（创造社同人除文艺作品外，从来没有做过政治论文的），在读者们迫切需要下，在一家陌生的书店里出现了，很快被各地同业所重视，向来没有交往过，也没有先铺一层"账底"，居然有很好的成绩。货款也有很多都是先期汇来的。

也因为借住朋友的房子，不便长久下去；也因为营业有发展的希望，想早点搬到四马路的门面房子去。刚巧有一家招牌完全相同的小药房出租，就租了下来，阴戳阳戳，别人以为是书店里带卖药品，也有以为是药房里兼售新书，门市的生意，倒并不冷落。

我们可以自傲的是：在光华以前，上海还没有纯粹的新书店——它是第一家。四马路上也不是书店的汇集地段，它又是"偶然碰巧"的第一家。看看现在四马路居然成为上海著名的文化街，想到那时候，只有孤零零的一家破旧市房，难得跑过几个买书的朋友，真不胜今昔之感！

因为这是大家都晓得的一家"干伙"的小书店，创办的又是三个在书铺子里时常跑进跑出的"巡阅使"，所以格外容易得到朋友们义务的帮助（那时就是我们所谓老板们每一个人也只拿十元八元一月的车费，没有薪水的）。邱韵铎先生替我们看校样，叶灵凤先生替我们画广告，都为着有相同的兴趣。

周全平先生从东北垦荒回来，同旦如先生在西门开一家咖啡书店，同时附设一个书报介绍社，编印一本《新书目录》，专替内地读者代办并推荐新书。他自己做的一部长篇创作，也交光华出版，书里更有很多灵凤画的带着琵亚词侣作风的插图。

此后不久，就由全平为主干，计划招股，创办在文化运动史上有名的创造社出版部。

股份是向从读者方面募集，也有一部分是外埠的贩卖同行，所以定得很低。五元为一零股，五十元为一整股。有五元钱就可以做股东了，凡是股东，都有八折买书的优待。限额不大，很容易募集，大约募到一千五百元，就租定宝山路一幢小洋房，出版了许多四十开本的小丛书。

正在创造社出版部将要成立的时候，沫若应广州中山大学之聘，同达夫、独清等到广州去了。创造社出版部的一切事务都交给全平、灵凤、汉年三个人主持，称为"创造社小伙计"。

二十、"小伙计"们与"幻洲社"

　　"小伙计"们在大集团——创造社出版部——之外，另有小组织，叫"幻洲社"。以灵凤、全平为主编，委托光华书局替他们印行"幻洲社小丛书"，一式的三十六开本，毛边而横排，经灵凤的设计，装帧格式都非常美丽。这"小组织"的收入，是供给小伙计们自己的费用，和出版部无关。

　　除"幻洲社"丛书外，另由灵凤、汉年合编一种《幻洲》半月刊，四十开的袖珍本，在中国人向来喜欢"大"的特性下，看到它是会有一种娇小玲珑的美感。内容分作上下两部，上部《文艺版》，刚够登一篇短篇小说和几篇小品文，归灵凤主编；下部《十字街头》，刊载短小精悍的评论随笔，归汉年主编。他们二人很要好，原来都住在创造社出版部内，后来一同另外租住在霞飞路上一家东洋人开的皮靴店楼上，布置得十分精致，名为"听车楼"。

　　为了《幻洲》里一篇随笔，我第一回尝到"书店官司"。

　　在公共租界里干着文化事业，随时有触犯"奴隶法律"的可能。久了，"吃官司"变成书店经理们的家常便饭了。

　　自己虽然在上海社会里混了十几年，也曾替商报馆担任过专吃官司的交际书记的特殊职务，然而对于书店，还是第一遭。官司要不吃，也尽多办法，只要看你的手腕如何。可是我似乎不懂得这手腕的施用方法。这技巧并不因曾经混过十几年而有所增进。所以总是一味地硬干，想从硬干去探求明明晓得决不会有的"公理"。

还是用妨碍风化罪提起诉讼。刑庭审判官是国内著名法学专家吴经熊先生。因为他也是一位爱好文艺的读者，他读过这类刊物和书籍。

"这是文艺作品里很习见的描写词句呀！"他很严肃地反问检举的原告代理人捕房律师。

"……"

"并非诲淫，没有什么妨碍！"

在他的贤明审判之下，并不处罚，也没有将刊物没收。虽然这次是我们胜利了，可是胜利属于你，麻烦也就会使你更多，多得你一定要放弃你所探求的理想的"公理"，仍得施用手腕，待他们感到一定限度的满意的时候为止。

为着硬干，为着保障胜利，我们以巨大代价聘请一位英籍律师阿乐满为法律顾问（这时候中国律师还不能出庭）。不料在短短的六个月中，我们被控诉的刑事案件，竟多到七次；每一次又不能当堂了结，常常要拖到好几庭，每一庭的距离又要隔一星期。这样，七次刑诉案件，从开审到判决，差不多平均每一个星期要上一回"公堂"（会审公廨）。

判决都是处罚金的，很有趣，他们用的是累进法：例如你第一回处罚的数目是十元，第二次就得罚你二十元，第三次，当然是四十元了。不论你所犯的"妨碍风化"的程度，这一次是否比上次严重，或是无所谓。七次中，最高的纪录处罚到一百六十元。

在租界协定未签订以前的会审公廨，真有些儿滑稽。如果随时跑去旁听，常常会使你发出会心的微笑——假使想替《论语》找点幽默题材的话。

麻烦会使你工作停滞，患着所谓"歇斯底里"症的。"公理"在这里是找寻不到的了，手腕还得施用一下。为避免不必要的麻烦，为想增进你的工作，或者要做些比"妨碍风化"还要严重些的营业的话，在施用之后（当然要办到最低限度的满意），也就可以"百无禁忌"了。

我记得有一次为郭沫若先生的一本《水平线下》后部里有一篇《盲肠炎》的论文，我曾经"自愿"一次孝敬过三百元大洋。平均计算起来，差不多每千字要花上八十多元钱，好贵的稿费呀！

廿一、回光返照与黄金时代

民国十二三年（1923—1924）间，新书的销行，才渐渐抬起头来了。同时"礼拜六派"的势力，也到达"回光返照"时期，全国的读者很显明地分成两个壁垒。

其时创造社同人已与泰东图书局分离。文学研究会却由沈雁冰先生在恽铁樵之后，接编《小说月报》，改为新文艺刊物。更在商务印书馆编译所扩展计划，和共学社一起努力著译各式各样的丛书。接着杨贤江先生接编《学生》杂志，章锡琛先生接编《妇女》杂志，这是商务印书馆走向新的方面最活跃的时代。中华书局则由张东荪先生主编的《解放与改造》之后，也大量印行社会科学丛书。谨慎独步的亚东图书馆，仍在胡适之先生协助之下，埋头于中国通俗旧小说的考证和整理，造成铅粒的"亚东版"。对这"亚东版"的谨勤工作，我们不能抹杀汪原放先生的苦干精神！为一部小说的校点费一年半载的时间，和十次八次重复的校对，是常有的事，这是"亚东版"之所以可贵，但也是被标点书商粗制滥造所打败的致命伤。

除这三家书店以外，再也找不出一家新的书店了，也没有一个新的出版社。

　　一直到十三年（1924）六月，光华书局才以崭新的姿态出现于上海四马路。十四年（1925）夏，北新书局从北平移植来沪；同时开明书店也由妇女问题研究会改组扩大而为正式的书店。

　　被推为新文艺书店老大哥的北新书局，十三年（1924）秋创始于北平李志云老板的住宅——翠花胡同，除贩卖各地出版的新书刊物外（那时武昌有一家书店曾刊行过几本《黄鹤楼头》等新文艺书，但不久即告消沉），自己编印十几本民间故事小册子。北京大学是新文化运动的发祥地，近水楼台，在拉稿上得到许多便利。鲁迅的《中国小说史》《小说旧闻抄》等陆续归北新印行，声誉日隆，营业也日见发展，遂于十四年（1925）夏将总店从北平搬到上海来。先在宝山里租下房子，随后就开设发行所于四马路麦家圈口豫丰泰酒馆的楼下（这地段还曾经开过一家张竞生先生提倡美的人生观的美的书店）。

　　开明书店的前身是妇女问题研究会。十四年间，章锡琛脱离了商务印书馆编译所，就在自己的住宅宝山里内继续刊行《新女性》月刊，同时也另印几本妇女问题丛书。当时是没有发行所的，《新女性》的发行归光华书局代理，直到正式用开明书店牌号在望平街上开张之时为止。

　　"回光返照"期的"礼拜六派"，在出版物的势力上估计，确比脆弱的新书业为宏大，无论杂志和书籍的销行，也比新文艺更为广远。最占优势的，要推号称三大教科书业之一的世界书局。

　　民国十年（1921），沈知方先生以大刀阔斧的雄略，撇开其手创的广智书局，扩大而成世界书局。抓着社会的弱点，利用读者的惰性与迷信心理，用滑稽的手腕，出版《鬼谷仙子》等神秘玄学书；更以"红屋"为号召，请有广大的小市民层读者的《快活林》编辑严独鹤先生主编《红》杂志。向行将没落的"礼拜六派"注射强心针，施用大幅的广告术，造成一度的"回光返照"，苟延二三年的寿命。

《红》杂志确有它广大的销路。更从官僚军阀高压下因无力反抗而形成幻想的社会意识，大量出版以"路见不平，拔刀相助"的侠义行为为中心的江湖奇侠传等；以秘密结社，劫富济贫等行动为主干的帮会小说；以桃色纠纷的新闻事件，或带有侦探小说意味的事实的和空想的许多许多小说书，倒也能够号召某一时期的读者，而获得意外的收获。

同时，大东书局由周瘦鹃先生重编"礼拜六派"杂志作为尝试的《半月》开始，接着刊行包天笑先生主编的《星期》，也各有相当的销路、并出版以恋爱问题或感伤主义为中心题材的"紫罗兰丛书"。它巧小玲珑的样儿，颇引起少男少女们的爱好。

这是结束"礼拜六派"命运的"回光返照"时代的轮廓。

在民国十五六年（1926—1927）大革命高潮前后，这畸形发展的趋势就有了极大的变化，很快地和必然地被消灭了！

从民国十四（1925）至民国十六年（1927）的三年间，我们也可称它为新书业的黄金时代。

革命策源地——广州，是唯一的销书市场。上海，虽在孙传芳、李宝章等高压之下，但是他们对于出版物是不在心上的。共产党的机关刊物《向导》和《中国青年》，一样地平安在上海流行着，其他的文艺读物当然更不成问题了。《三民主义》《建国大纲》《共产主义ABC》和其他关于社会运动、国际运动等新书，非常畅销。漆树芬先生的一部二十万言的《经济侵略下的中国》是那时挺风行的一部名著。

黄金时代里第一个发现它因而赚到大量黄金的，是张秉文先生——一位别有作风的出版商。他拥有太平洋印刷公司，就费了几个月的时间精力，编印一部"中山丛书"，印成后就自己带到广州去，这是广州每一个民众都需要的一种粮食。更跟着国民革命军北伐的进展，在湖南、江西、汉口，各重要都市倾销这部巨著。只就这一部书而论，少说些也赚上十万八万元大洋了。

走着同样路线，也获得一批大财的是大中书局的老板黄长源先生。此外，上海的新书店，旧书店，凡是能够弄得到印刷机器的，无论谁，都马上可以发财。同样，印刷所的老板们也可以靠此发财，因为这些书都是没有版权的，书店可以印出来发卖，印刷所里也可以印出来发卖。而且只要你有法子印出来，不怕没有销路。

革命军占领武汉时，长江书店就在上海装了几十箱新书在后城马路开张，仅仅三天时间就关上铁门了。所有的新书卖得精光。

这以前，除商务、中华、亚东外，上海的新书事业真是贫弱得可怜，新书的产量固然很少，就是每一种的印量也非常地少。可以销行的，一版印上两三千本，普通五百本一版一千本一版也很多。到那时候，广州、汉口两处同行的添书单子，已改为电报了，一添就是每种三千五千本。销路是有着落了，但是哪一家有这么多存书呢？没有，就得再印，然而，每一家印刷所里的印刷机器上，全张的，对开的，甚至于四开的都在一批又一批的印着《三民主义》或《中山全书》，哪有空余时间来印你的短版生意呢！所以虽在这样满地滚着银子的黄金时代，而实际上赚得黄金的是有印刷所的或与印刷所有密切关系的新兴书店（？），并不是真正已经开在那里了的新书店。不过话得说回来了，无论如何，在这时期中多少都沾光些便宜，有门市发行所的，买书的主顾确实增多了，就是向来对于新书不感兴味的工商界也要为明了"三民主义"或"共产主义"而读书了。就是过去不易销去的新书，这时候也连带地比平时多销去几本了。狂热的情形到十六年（1927）清党运动以后才一落千丈；此后的新书业，真度着艰苦困顿的日子，那种痛苦（精神的和物质的），恐怕只有在这时期中的出版家才真正尝到。直到"八一三"抗战发动后，再度抬起头来。

廿二、北伐前后

民国十三年（1924），中国国民党改组。

十四年（1925），上海市党部左右两派发生摩擦，终致分裂。一部分执行委员恽代英、沈雁冰、张廷灏诸先生退出环龙路四十四号，另在贝勒路永裕里八十一二号成立上海市党部。那时在孙传芳"剿赤"的高压之下，革命的工作，都是秘密进行，开会商讨总须在夜深时分。

不久，恽先生等都到广州去了。市党部补选我为执行委员。

这"头衔"怎么会落在我的头上呢？那是"五卅"惨案以后的事情。

"五卅"的傍晚，南京路上躺着十几位参加示威游行而被西捕头爱活逊开枪打死的烈士尸身；总商会里拥满了工商学界的代表，一致要求全市举行罢市、罢工、罢课的反抗运动。商会会长傅筱庵先生本是从不到会，而长期由副会长方椒伯先生代理的。方先生是有名的胆小的好好先生，这样重大的要求，他没有勇气答应下来。相持不下，到晚上九十点钟，形势就愈益严重了。

当时我们所领导的上海各路商界联合会有很多代表也在

商会里，就马上在议事厅里召集一次临时紧急代表会议，一致地通过这个总罢市的议案。各路商界联合会代表的是小市民阶级，它以商店为基础的，倘使各马路上的商店全体拉拢铁门，罢市的形势已经形成，商会的允许参加与否，其效果就等于零了。于是，在我们散会之后，它（商会）也共同具了名，连夜发表通告。

"五卅"运动的党员与青年们的实际行动指导者是林钧先生，从那晚起我们时时在一起做工作，就介绍我加入国民党。虽然是执行委员，在党部里却没有实际的工作，仍旧继续商民运动一方面。"五卅"周年纪念示威运动的传单都预藏在光华书局内，由市党部秘密通知各团体各区分部假装买书的顾客，偷偷地一包一包挟了出去，居然混过近在咫尺的巡捕房侦探们的耳目，顺利地在南京路上散放。

北伐将出动前，上海各路商界联合会里还是分成赞成和反对两派，暗斗很烈。反对派以邬先生为主脑，他是资产阶级的代表人，有雄厚的潜势力；他们用"君子不党"的口号为号召，于是一知半解的旧商人都附和他。 同时，淞沪护军使李宝章又用高压手段对待革命党员，凡是同情革命的都加上一顶"赤化"的帽子，脑袋就有挂上电线杆的危险。在这样环境之下，孤军奋斗是不易成功的，要从事实际的斗争，争取各路的会员商店，不能不组织"党团"。所谓"十三太保团"就应这需要而产生。

一部上海商民运动史，"十三太保团"的领导工作是占着很重要的一页。——北伐的响应，公共租界工部局参政权的争取，抗捐运动的扩展直到华人纳税会的成立，都有过他们的英勇斗争。

所谓十三太保，就是十三条马路的商民领导人的"党团"结合，为同一目标，同一信仰而奋斗，以一致的步伐向前迈进。它的结合是采取封建的形式，用"桃园结义"的旧方式，拜为盟兄弟。其中有余华龙、严谔声、王延松、陈翊廷、郑缄三、张振远、蒋信昭、陆文韶、吴亮生、许云辉、虞仲咸、沈承甫和我。

那时，市党部准备办一种《国民日报》，作为宣传机关，已经中央宣传部核准，拨给开办费，派张廷灏先生回沪筹备。这有"赤色"嫌疑的日报在公共出版是不会有希望的，就租下爱多亚路靠法租界方面的房屋作为社址。法租界曾颁行过取缔印刷品条例，凡在租界内无论出版或经售任何印刷品，都得经法工部局同意或领事署批准（这条例现在还存在）。《国民日报》的筹备工作已大体就绪，经理由张先生担任，总主笔是柳亚子先生，总编辑沈雁冰先生，请我担任编辑本埠新闻同一份属于本埠版的附刊——《本地风光》。临到出版日，批准的命令还是没有下来，报纸就在娘胎里宣告了死讯。

因为报纸没有出世，所以同事们多不曾会面过。就以沈雁冰先生来说吧，我们在上海市党部先后任执行委员，又同是《国民日报》的编辑人员（1927年在上海出版的《国民日报》是另一回事），更同在上海长时间干着"异途同归"的文化工作，竟会没有会见过。一直到去年抗战后在汉口大同旅馆见到时，提起十四年前的旧同事关系，都未免有点好笑！

十五年（1926）冬，总司令部驻在南昌，我和松泉同到南昌去观光。后来又开办一处光华书局的南昌分店。

新文化运动虽有七年的历史了，这样重要的省会似乎都还没有被普及到。我们到达南昌之后，在许多新式的、旧式的书店里居然找不出一本"新"的书籍和杂志，因而感觉到推动文化的工作，还正有待于努力。光华分店的创设是有相当意义的。

这一回，我住在南昌有好几个月。在南昌大旅社长期包定一间小房间，凡是上海来的朋友，很多住过我的小包房的。除兼管书店事务外，还承陈布雷先生的介绍在江西财政委员会派驻市汊（离南昌八十里）统税局的监察委员。

监察工作是不会有成绩的，事实上贪污横行，贿赂必然也决不会容许你做出理想的或可能实现的成绩的。我曾经写过一本小册子《革命后的江西财政》。

革命军克复京沪后，急忙又回到上海。

在南昌时叶楚伧先生要我回到上海进《民国日报》，后来又经陈德征先生的函催。不料到达上海，局势完全改观，德征已充任市党部宣传部长了，就聘任我为国民通信社的社长，每个月可以拿到四百元的津贴。

政局老是不稳定，这工作，也做不得久，仍回到自己的"老米饭碗"——光华书局。

廿三、从"现代"到"联合"

　　我自己是文艺的爱好者，松泉也有同样的嗜好。当然啰！在我们主持下的光华书局，不免偏重于文艺书籍。然而在大革命时代，对社会科学书的需要超过文艺书。正在这时候，我的同乡朋友洪雪帆先生，刚从宜昌内地税局卸了科长任回来。他正愁着装满了大皮箱的钞票没有用处，来和我商量。

　　其时我又刚接到财政部的新委任为上宝化妆品印花特税专局局长任命。如果我是精于税收的官吏，这件事是公认的一块"肥肉"；如果我是长于理财的专家，这也是一桩"取不伤廉"的奢侈新税，可替国家多打开一项财源。恰恰相反，我是完全外行！三个月的江西省统税监察委员的工作成绩，仅仅是一本《革命后的江西财政》，隔靴抓痒的纸上兵法。大家认为这不过是文人不懂捐税情形，能说不能行的一张"牢骚"计划书罢了，财政部通知全国的训令已发出去了，而我呢，还捧着这一纸委任状在那里想不出"从何下手"的"头路"。他来得正好，我就对雪帆说：

　　"你是办过税收的专家，这工作还是你来干一下吧！"

　　"我不想再吃这碗饭了，我想要换换口味。"

"那么找到我，只会办一张报，或办一家书店吧！"

"好！……我们还是再来办一家书店吧！"

就在这简短的谈话中，"现代书局"的招牌，第二天就在商报馆的二楼上挂了起来；那个上宝特税局长委任状，只好原璧归赵。

现代（书局）的资本是五千元，由他出一千元，我同松泉出八百元，其余的都向朋友们半募半捐式弄来的。职务的分配：他是总经理，我是经理，松泉是出版主任。

经验告诉我，合作的事业，总是不容易维持久长的。集合开始愈便利，离散时间愈短促。这是过不惯集团生活，不肯牺牲小我，缺乏自我批判精神的结果。不能相互地了解，就不免发生摩擦。摩擦会丧失理智。

我不能说谁是谁非！不过正当现代书局发行所租定了四马路岭南楼下面的市房时，我们已经"各自西东"了。

接着，卢芳进了现代（书局）。又不久，我们十年间长相随伴的老朋友——松泉，也和我瓜分这正在发育期的光华书局了。虽然我们二人的分手，并没有闹过一次不可调解的意见。小小的摩擦，当然是难免的。

我当时要再办一家现代书局的用意，是想将光华仍保持已经走了四五年的文艺路线，而将现代书局成为纯粹的社会科学书店。分裂之后，这计划当然无从实现，然而我念念不忘的纯粹社会科学书店计划的尝试，还是没有消逝。

走出了现代。走出了光华。很快就另起炉灶来独创一家社会科学书店——上海联合书店。

试试看，写了一封信托李一氓先生转给住在千叶市的佐藤和夫——沫若，问他有没有社会科学的译稿。这全是试试看，明白晓得他是弄文艺的，尤其在日本帝国主义者侦探们监视之下，即使有这样的心意，也不会有现成的稿件。何况社会科学稿，在国内有没有书店敢接受来出版，还是很成问题。当时商务印书馆连郭译的河上肇氏《社会组织与社会革命》已宣告绝版；就连毫无关系的译作屠格涅夫氏的《新时代》也收藏起来了；《棠棣之花》等旧作重编的《塔》，也无处可买了。

出乎意外的，居然告诉我，他正赶写一部《中国古代社会研究》已将完成，可以交给我出版。并且声明，这是他比较满意的一部著作物。这样一来，专门社会科学书店的上海联合书店就在四马路中西药房隔壁大厦上竖起了招牌。

虽然发行所是在二层楼上，但门市营业倒并不冷落。可惜的是当时对于新兴社会科学书，无论是著作的，或译述的，都有使读者看不懂的"奥妙"。后来大家公上一个名号（对那时候各书店所出版的社会科学哲学书）叫做"天书"。

查禁书籍的法令，在当时并不十分严厉。文艺作家们正在大谈其普罗文艺。姚蓬子主编的《萌芽》，蒋光慈主编的《拓荒者》，鲁迅主编的《奔流》，郁达夫主编的《大众文艺》等杂志都有广大的读者群。

到了民国十九年（1930）的秋季，仅仅我们联合书店一家，就收到了有十七种社会科学书查禁的训令。

只有一年历史的小书店，总共出版不到三十几种新书，内中还有一部分是新闻学一类的冷门货。一次就查禁十七种，变成了好销的书没有了，剩下来的都是不能销出去的冷门货。日常开支是省不下的，虽然楼上的一角，房租也就要八十元。这样，无论如何不能维持下去的。想来想去总想不出较好的办法，五千元资本已变做一半是包花生米的有字纸，一半是喂老虫的食粮。如果要重整旗鼓，除非是另加资本。然而还有谁肯做这渺茫的投资呢？结果，还是搬到里弄里去同老虫分尝这高搁在木架上的残粮罢。

为了一家人的生活，我不能不再度离开我兴趣所属的出版事业，应湖北省主席何雪竹先生之召，到汉口来担任整理《湖北中山日报》的工作。

"这是美缺呀！"大家都这样向我道贺。但是我究竟是个"傻瓜"（当时朋友们这样嘲笑我），我竟然没有发现它"美在哪里"。

六个月的整理成绩，换得何先生一声口头的赞许。"调了五个主任，只有你的成绩办得顶好！"

大水灾之前，又重复回归上海。

顺便谈一谈郭沫若先生的《我的幼年》被禁的故事。

有一天，一位"文友"来见我，谈了一套闲话之后，他告诉我，他已走进教育局担任审查书籍的工作。

"那很好呀！"我说，"将来可以托你转达转达我们的痛苦。"

"《我的幼年》怕要查禁了！"他突然向我提起这一本刚出版不久的新书。

"别说笑话，这本书有什么可禁呢？在你贤明的审查之下。"

他笑笑走了。

第二天，他又来找我：

"我有一部新稿子，要给你出版。"他从公文包里拿出一大堆原稿纸来放在写字台上。"抽版税，但要先预支二百元。"

我略略翻动一下，就回绝了。原因很简单，我固执的偏见使我对"情书"一类的作品，感不到兴趣。所以在我手里，从不曾刊行过这一类新书。

两天后，有一只巨大的信封从外面递进来。《我的幼年》因内容反动，不准发卖。笑话变成为事实，一本记述儿时生活的小说，也会加上"反动"的罪名。那时的教育局长是陈德征，我自仗与他有深厚的友谊，就跑到民报馆的编辑部去找他，请他指示禁止的理由；也许还可以删去或修正一下，一千多元的造本不至完全完结。我希望着。他很亢爽地回说：

"这事件我不详细，你还是将你的理由用呈文吧！"

于是我将样书和呈文送到教育局去。很快，得到了批示，说是书的后边的跋文有二句："革命已经成功，小民无处吃饭"，不是"反动"是什么呢？

"这是可以删去的，何况又是跋文哩。"我再补上一个呈文。从此以后，永远没有了下文。

过后，现代书局以十五元一千字的代价向沫若买了一本自传的第二集《反正前后》出版了。如果说《我的幼年》要查禁，那么这本书当然也不会逃免的。然而出乎意外的是永远无恙。再过些时，我的"文友"的厚厚一本"情书"，同时也躺在现代书局的大玻璃柜窗里了。我遇到雪帆时，劈头就问到他：

"这部情书是你们买下的么！"

"不！"他笑着说，"抽版税，先预支二百元。"

听说后来现代书局很靠这部"情书"赚了些钱，销行三四版，定价也不低廉。有什么可说呢？有眼不识泰山，还要"殃及池鱼"！贻累了读者们只好先读完这部自传的第二集，将来再补读这第一集了！

廿四、再度脱离"现代"

现代书局的发行所铁门上交叉地贴上了法院的封条。

卢芳（现代书局的经理）登报声明脱离现代书局一切关系。

经过雪帆的奔走疏通，结果，得到某方面的谅解，在推荐一位编辑主任的条件之下，重新拉开它的铁门。

自从十六七年（1927—1928）以后，新书事业，已经是十分凄惨，每一家新书店都在艰苦挣扎之下苟延残喘。现代（书局）也不能例外。不幸再经过这度风波，经济状况真临到"山穷水尽"的境地，时时有倒坍的可能。

"条件"的限定还要书店里印行两种××文艺的杂志。《现代文学评论》和《前锋》。而新书方面，为了这也有好几个月不出版了。书店的营业，同别的"行业"有些异样，书店是没有"老牌"和"新牌"之分，老实说，不进就是退。任你有几十年的历史，任你历史里有过光辉灿烂的史迹，不继续跟着时代的轮子前进，就会被时代所淘汰，被读者所遗忘。这时候的现代（书局），限于经济能力，限于"条件"，已经渐渐地与时代脱离了，距离愈久而愈远了！

我回到上海，住在中国饭店。当天，雪帆就怀着满腔抑郁来尽情地向我倾诉。

他劈头第一句话:

"你是现代书局的父亲,我是它的母亲,卢芳是它的奶妈。"他很沉痛地说道:"现代书局到了今天这样危急存亡的关头,你不能说一点没有罪过!"

"……"我被他的话打动了。他接着说:

"我们是朋友,又是同乡,你我一生的境遇大致是相同的,我的事业就是你的事业。"

是的,我忆起了《父归》,我责备过这剧本里的主人公。对于这曾洒过我的心血的现代书局,要救它苏活起来,健全起来,只要我肯牺牲我的一切,将全部精力贡献给它。经过五日夜诚挚的谈话,结果,我们又重新合作了。

当时,我提出三个基本条件:

内部的业务,完全由我主持,使我可以放手做去。

公司的事业不能视为私人产业,扩大股份,成立正式有限公司。

用人以人才为主,职员的进退,须经过二人事前的同意。

他完全答应了。在停顿中的上海联合书店,全部客账、存书、纸型、版权、生财等等一切以一万元的代价归并给现代书局,以五千元作为股份,以五千元料理联合名下的未了债务。这理想的社会科学书店,到此宣告"寿终正寝"。

踏进现代(书局),各部分的现状,距离我的想象差得太远了。就连普通商店里的一切起码条件都不具备,每天读到几十封读者寄来的责骂的信,各式各样离奇的话都有听到。货栈里堆满着满房子不能销去而封面还是崭新的过期杂志和新书。一切都无从下手,经济的窘迫又使你无从提出什么大小革新的计划。

唯一先决条件，要从招募股款入手。有了钱，才有办法。

接着"一·二八"淞沪战事发动了。

战事发动前半月，我因应徐朗西先生之召，同到汉口去。去的目的，一则因岳维峻师长死了，遗下全部的关中健儿需要有资望的人加以统率和安慰。徐先生是很适合这条件的，就要我一起去办理秘书的事务。一则因现代（书局）虽准备改为股份有限公司，扩大招股，但在上海市场上，有钱的资本家宁愿做交易所买卖而挺不高兴办文化事业，想招股非常困难，换句话说，等于向他们借债，也等于捐款，给你就完了，以后不相问闻（现代（书局）许多股东就是这样的），要爽爽快快招募多一点，还是向军政界要人们进行。我既加入合作，徐先生本来预备替联合书店招募的几条门路，就留给现代（书局）了。事实上，因我们是近二十年的忘年交，所以必需要我同他一起去，才有办法。

我们回到上海，已经是淞沪战争后十余天。一切商店都关着门，现代（书局）也同样关着门。半个月后，因读者在火药气氛中迫切需要精神粮食的调剂，书店——这文化的杂粮铺，老关着门，到底没有什么意义，何况也多多少少可以做些生意，解决不曾逃难回去的店员们的膳食费用，我们主张先行开门。

第一天，不料门市收入竟达到三百五六十元，打破现代（书局）门市收入的纪录。从一批进一批出的读者们的需要看来，战事照片复制的画报，最受到欢迎。于是，叶灵凤先生以出版部主任资格就自己动手来编制一本《淞沪战影》。

淞沪协定成立后，第一位大书店商务印书馆，因闸北总厂被敌机炸毁，东方图书馆也遭了殃，更因工友职员的去留问题，发生严重纠纷，整个的事业，都停顿下来了。①

商务（印书馆）以教科书为主要营业，教科书的销数和产量，都有相当的统计，平时各书店教科书方面的营业，并不是有特辟的新路线，而是同在一个圈子里面互相竞争；说得明白些，就是在已经为商务所控制下的生意，大家以各自的智慧和手腕去分些过来。有的以质的改进，内容充实，印刷精美来争取读者（学校教师与学生们）；有的以编著方便，工料减低，回佣优厚来争取顾主（学校职员与各地贩卖同行）。

现在这握着全国百分之六十以上的教科书营业的商务（印书馆）既自动停顿，正是其他的教科书同业推广自己出版物的惟一难得机会；而且事实上，也因商务（印书馆）的停顿，各种应用读本供不应求，营业也自然而然增高起来了。

商务（印书馆）的停顿，与新书店利害关系很少；新书店是以刊行新文艺书为主要业务，而商务（印书馆）除曾于十二三四年（1923—1925）间出版过"文学研究会丛书"等外，后来很久不注重于这条路线②。只有一本有悠久历史的《小说月报》，自有它广大的读者群。当然，这时期也同样停止了。同时，上海方面也没有比较像样的文艺刊物。

"这是我们应该做的工作，在业务上着想，也应该立刻出版一种纯文艺刊物。"

这一建议，很快就得到干部同人的同意。于是由我写信到松江，请施蛰存先生出来主编。在这一时期，他是挺适宜的一位编辑。对无论哪一方面都没有仇隙，也不曾在文坛上和某一

---

① 见《东方杂志》王云五先生的《两年来的奋斗》。

① 据1931年《文艺年鉴（现代版）》统计，该年商务只出过一本文艺书。

位作家发生过摩擦——同时更请他兼任公司的编辑主任。再办创一所印刷厂，请卢芳担任厂长。他有新光印刷公司失败的经验。请宋易担任推广部工作。并将四马路发行所扩大为四间两幢，十分堂皇。

《现代》——纯文艺月刊出版后，销数竟达一万四五千份，现代书局的声誉也连带提高了。关于业务方面，在第一年内完成了初步发行网，设立各省市直接或间接的分支店。决定了出版路线，提高新书的"质"，增加新书的"量"。设计一个在资力可能范围内的三年计划。

实施的结果，成绩倒很不坏，第一年度的营业总额从六万五千元到十三万元。这是同人们对于这初步计划努力的收获，也是我个人尝试的成功。

同时在内部有一桩最大的改变，也是最有意义的成就。过去的现代（书局），虽有有限公司之名，而实际是合资式的商号组织，一切权力，集中于总经理一身，各部事务不论大小都时时要向总经理请示，有时更以个人的喜怒哀乐向职员面前发泄。所以不论才具，只要会趋逢总经理的意趣的，就是好职员。从我踏进之后，以养成各部自动为原则，尽量使各部同事发挥他的才干，用人标准，论才具而不讲"面子"，渐渐地使同事对所管的职务负起责任来，对于所做的事情发生兴趣了（在五十五位同事中，只有一个是我的外甥可以说是私人）。

在同事们共同努力之下，现代（书局）的信誉与营业日益隆盛。民国廿一二三年（1932—1934）间，可以说现在书局已是全中国唯一的文艺书店了。

为调换编辑主任，为停止刊行两大刊物，我代人受过了。结果是：各方面对我不满，由不满而误会，由误会而攻击了。

然而，我都没有理会，我没有向他们解释。我晓得，有许多事情愈加解释愈会引起误会的。我之所以肯这样做，是为要报答"知己"，在当时我对于雪帆真有知己之感。所以，我肯牺牲我的一切为事业健全而努力。我是个失去父母慈惠的孤儿；我是个失去兄弟友爱的孤雁；我需要一位了解我的"知己"，我需要伟大的友情的慰藉。

四十年流浪生涯，找到了归宿；十五年事业兴衰，得着了复苏。

民国廿三年（1934）十一月某日，在一个严寒的隆冬之夜，我奉了公司的命令，独自个儿踏上远征四川的富华轮船。

这一次的远征，是要为公司去整理八年来长江上游各地同业的客账，公司为调查和开辟一条新的发行路线，使公司的基础更巩固，前途更光明些（成都书业公会同人告诉我，上海书业界中人到成都去的，还以我为第一人，所以他们要为我热烈地欢迎和欢送）。

枯水的川江，航行是相当危险的，小小的富华轮走了十四天才靠在朝天门外的嘉陵江边。

民国廿三年（1934）十一月廿七日到达重庆，打了一个电报到上海公司，报告我的行旅平安，同时开始我应做的工作。

廿九日上海现代书局股份有限公司召集一次临时董事会议，在这届会议席上，有一重要的议案：

"本公司经理张静庐辞职赴川，请予照准。"董事会的决议是"准予辞职"。①

除出席董事外，公司的同事中只有一位总务课员兼任董事

_____

① 为停止某先生职务我写信给报一封以去就力争的信底提出来作为我离职赴川的原信。

会书记的刘壹先生列席的（他现在绍兴任战旗书店的经理）。

第二天，这位刘先生也因曾经列席记录的关系，得到"免职"的命令。从此，这件议决案再没有局外人晓得了。一直"珍藏"到我从四川远征回来，交清了账目和款项之后。

我不相信人世间竟会有这样的"阴谋"！没有一丝血痕的一把利刃，从我认为有"知己"之感的朋友，亲手刺进我的心坎！

廿五、上海杂志公司的建立

提起上海杂志公司的建立，倒是一桩很有趣的故事。

当我第一次被踢出现代书局大门时，才发觉我的四周还布满着天罗地网，使我永远不会再有翻身的可能。这一次的教训，在我的生命史上，永远留下不会消失的创痕。

为要维持公司的生存，只得领取极少的生活费，但九口之家，这一些生活费是万万不够应付的，不得不另筑债台。为要专心一志地使公司业务发展，又不得不将仅有的一些的事业根基，在合作条件之下消逝了。到此，已经一无所有，后悔也来不及了！但因受着过度的刺激，对人生感觉厌倦，甚至诅咒自己而要毁灭自己。

典卖仅有的一些衣物，独自寄寓在一家豪华的旅舍里，尽情地欢乐，过着变态的生活。正当这时，张振宇先生忽来找我，要请我担任他的时代图书公司的华南五省总经理。人在落魄时，小小的慰藉可以暖于春阳。

我答应了。

一切合同草约都经我们商拟妥善之后，不料另一位股东忽然提出反对。

他反对的理由，很有意义的——

"这只马不是我们所能控制的！"

是的，我虽没有缚鸡的腕力，而却有举鼎的雄心。老实说，在当时上海的同业中，值得我钦仰，或使我感到可爱的出版家，真是寥寥无几！

接着松泉要我重回光华，复任经理。那时卢芳也在光华帮忙，老朋友在一起可以更有兴趣些。我又答应了。然而小小的光华绝不是现代（书局）的敌手，因而我计划在对面邻近，再扩充一部门，以便扩展营业。正当这时候，群众图书公司方东亮先生愿意将他的门市让租，我们租下了。租约及合同都由我代表出面签订。

为避免业务上的冲突，准备将它专营杂志。因为各业都在不景气氛围里，书店也不能例外。书业的出路只有学校用书、一折八扣标点书、杂志三项尚可存在。学校用书是需要大资本的，标点书不愿干，剩下来的只有杂志。农村的破产，都市的凋敝，读者的购买力薄弱得很，花买一本新书的钱，可以换到许多本自己所喜欢的杂志。讲到钱，杂志这一项买卖，当然不是生意经，也许还要亏本；但是为事业前途的发展，为文化运动的普及，杂志倒是可为而不可为的出版事业。我们决定采取这条营业路线，取定上海杂志公司的牌号——过去和现在，中国还没有专营杂志事业的书店。

一切都已舒齐了。松泉忽然感到这是太冒险的举动。无论从哪一方面推算，这公司——光华的支部——是把不稳的。当时光华的经济已经十分困难，如果再加上一重负担，干得一不顺手，难免连这家老店也会牵累而倒坍的。他考虑了两夜，决计不干它，要我去回绝。在我呢，原是无可无不可的：四川的朋友周世恩、刘葆甫两先生正要我离开上海，到重庆、成都去开两家大规模贩卖书店，资本由他们代为筹策。同时，上海也有十六家新书同业，都希望我肯往四川去，无条件地给我全四川总特约。这真是机会难逢，我想去，而没有决定。为什么呢？说起来未免小气吧，我想"报复"！我不愿离开居住二十年的上海四马路。

不料，方先生怎样说都不答应。事情弄得糟透了，一方面不要干，一方面又非叫你干下去不可。结果，无可奈何，决定归我自己出来硬干。

在离开现代（书局）时，还有三千元股款可拿，倘然一次拿回来，也还可以解决一些必要的债务和重建事业的准备。可是不行，只允许每个月拿回一百五十元，这一百五十元，又恰恰抵过我的一家生活费。这样，即使你要想翻身，也是不可能（这是后来另一位洪先生私下告诉我，也是给我许多毒箭中的一支。所以现在提到它，还觉得心惊肉跳哩）。

终于在没有办法之中，弄到一笔很少很少的创办费，就冒险担当下来了。

店员特别少，除掉我，只有一个我的老学生张步高和我的侄儿鸿飞。三个人只有一条心，不畏辛劳，不讲报酬，实行埋头苦干，硬干，实干！

小小的计划，逐步施行起来倒相当顺利。精神上得着老朋友卢芳和唐性天先生的协助；不相识的很多很多朋友——读者，似乎对于我，对于这初生的公司也有特别的好感，营业得以一天天兴盛起来。内地各省市的同业与我个人都有相当的友谊，他们也给予我不少的协助和鼓励。

廿三年（1934）五月一日，上海杂志公司就是在这样有趣的过程中建立起来了。

这是比光华书局诞生时还要罕有的"奇迹"——仅有的二十元创办费！

廿六、小小计划初步成功

出乎意外地一帆风顺！

上海杂志公司到现在五年间，大体上可分为三个阶段：从初创到廿五年（1936）春为贩卖时期，虽然这期间也自己刊行过《读书生活》半月刊和《文艺画报》等，但仍以贩卖为主要业务。廿五年（1936）春《译文》复刊起到廿六年（1937）夏，为杂志出版时期，这期间，以自己刊行杂志为主要业务，而以出版新书为副业。从"八一三"抗战发动到现在止，为抗战宣传时期，为配合抗战宣传而编印战时新书，以刊行杂志为辅助。

先来谈谈第一时期。

虽说是贩卖，以很少的资金，很狭隘的门市，没有号召能力的一家新开的小书店，要在有历史、有地位、有雄厚资金的一群新书店中间生长起来，真是毫无把握。何况又有人在你的四面八方替你布满着天罗地网！那么当然需要有种新计划，这计划要配合着很少的资金，周转偶感不灵，就会立刻倒坍下来的。

说来本也是平凡得很，这小小计划是属于贩卖的，实现快、齐、廉三点。杂志营业和书籍贩卖有些不同，它含有时间性，失了时效就没有人请教了，可是如何能够比别家快到，早一天拿出来卖给读者，倒是煞费苦心的事。为要达到这个目的，因之常常不恤亏本。商人口里的亏本，本来不容易使人相信的，俗语说"千卖万卖，亏本不卖"，你所谓的亏本，在听的人也不过当你是《商人宝鉴》里的一句术语而已。实在说来，我们却真的在做亏本生意。举一个实例：那时本公司门市上出卖杂志新书，都是照实价打九折的。当良友图书公司将这一期《良友》出版后三天之内，决不批发给同业的，除非是到他们市上去零买。零买要照实价计算，不折不扣。为要快到，我们就不恤以实价四角一本，向他买来，立刻在公司柜上卖给读者，仍照向例九折收款，这样做，卖去一本，亏本四分。这就是亏本的实例，但是"快"到底实现了。

至于齐，那只要你肯留心，不管它有人请教没有。一本刊物的出版，无论如何专门性，总有它的读者。比如关于天文学的杂志，向来不为书店所愿售，因它是冷门货。更因它销得不广，出版处将每期的印数限制了，不愿多印，你要它，非期前约定，还得先付书款。这在从前是没有一家书店肯干的。现在我们为要办到齐备，当然顾不得损失与否，卖得了或卖不了。留心搜集起来，也有四五种呢！

第三是廉。读者购买力薄弱，没有资力买新书，也很少有余资多买杂志，虽是杂志比较书籍便宜。为要减轻读者的负担，公司方面用着两天生意一天做的办法：譬如一天要做三十元生意的利润，可以维持一天的开支，现在呢，我们用廉价的办法，使它做到六十元来维持一天的开支。一而二，二而一，目的还是同样的。普通商业上的口头禅叫做"薄利多卖"。

这些都是贩卖书店应注意的起码条件，并不是难做到或做不到的。然而在那时候，大家似乎都不肯注意到。也许，上海书店都是靠出版的，贩卖是无所为的热闹热闹门市罢了，所以便不在这上头用工夫。我们则不同，既是完全靠贩卖为主要业务，不得不走着别人所不愿走不曾走的崎岖小路。

小小计划的初步成功，真出乎意料之外，一天的营业，当然只限这一间狭隘的门市——从十几元收入增高到二百多元。第三个月统计达到九千六百元，比较任何有历史、有地位、有号召力的书店相差无几，有的更可以超过它，专靠门市一部分零星买卖的话。

从五月一日开始到十月底，公司方面居然赚到几千元钱，这时候是纯粹贩卖，当然以赚钱为目的的，没有钱，什么计划都谈不上。因为那时的我，真是两袖清风一无所有，一位被朋友抛弃了的穷光蛋呀！

有了几千元钱，就决定要扩大我的事业，改进我的业务，再钻进出版界的圈子里去，实行我的"走曲线"的出版路线。于是再加上一位女朋友的协助，凑足额定的资本，正式呈请实业部注册——上海杂志股份无限公司。

负无限责任的股东，当然还是我。

廿七、"退订改订绝对自由"

我已说过,杂志公司营业方法与一般书店的营业方法有点不同。

我们第一步的小小计划已经收到成效,于是就着手实施第二步计划:代订、代办、代理发行。这也是经营杂志事业的主要业务。

代订,并不限定于自己发行的刊物。因为你既然挂上杂志公司的招牌,又广事搜罗各种杂志,陈列在一起,等于一个"杂志市场"了。买小菜的到小菜场里去不会走错的,也可以节省许多时间和精力,买鱼的不必到鱼行去,买肉的不必上陆稿荐去了。因此,凡要买杂志的读者,不管买什么杂志总是跑到杂志公司来。同样,要订定任何杂志,也就全到杂志公司里来了。论服务是应该代劳的,论利益,虽只有百分之五的微利,也不能说没有报酬。这样,我们想要弄它像样些,就特别举办一个代订部。训练几位十几位熟练的店员,专门管理这一部分的事务。只要它是定期刊物,只要它还在继续出版,我们都可以,也应该接受下来。有的很便利,接受后,出立我们自己负责的代订单交给读者,隔天就将底下一份通知单送给原出版处，自己博得百分之十或百分之五的手续费。然而也有比较麻烦的，例如订阅日期向例是全年或六个月，可是那个订户（军部等）以驻调无常，没有长期一定的地点，虽然可以更改地址，但行军中连改寄也无从说起，那么为便利起见，还是向你订阅三四个月吧。既是服务社会，能说因格于成规而不接受吗？还有一种是私人出版的，个人的变动较多，能出几期算几期，行踪无定，社址甚多是私人的住家或附设的通讯处所，这种预订，转过去既怕落空，不接受又有悖读者的好意，当然只得接受后，改为自己出一期寄一期了。更加困难的是周刊、旬刊等，当一个订户通知改寄地址的信到达公司的时候，他所订的杂志早已寄出一二份了，邮程参差，他是不会收到的，邮政局也不见得会件件都退回，于是乎误会就要发生。订户说我没有收到是事实，公司说我已经寄出也是事实。订杂志的人原是想连续阅读的，现在中间缺少一期，心里比什么都难过，你能说不补给他吗？偏巧这一期又刚刚卖完无从买得，心急朋友就硬说你骗他，哪会这么巧连一本都没有的事。这样一来，岂不使读者对于你的信仰发生动摇！能补的当然还是补给，不过一年里只要发生一次，你的一年的代订酬劳就完全赔贴了，有的还要亏蚀。

我是个十足的读者出身，读者所尝的痛苦我都明白。所以到我独创一格，开办上海杂志公司时，竭力要克服种种困难，弥补种种遗憾。关于代订杂志，第一注重点是保全订户的"血本"。凡是他所订的杂志中途不能继续出版时，就立刻通知订户，请他来算还应找的余款，决不使他受着丝毫损失。第二是读者兴趣改变或杂志内容低落时，订户既已订定了一年或六个月，不曾满期，杂志还继续出下去，论理是不该中止的；论情，一个读者当预订时有的是一时的冲动，有的是闻名而不曾见面，有的在起初时对这刊物原有好感所以订下来了，过后因自己的思想进步或趣味整个转变，那么再要他勉强看下去，实在有点无聊，也未免"残忍"。甚有一批刊物，在最初出世的几期里弄得十分精彩，或者于创刊号时出特大号或附赠什么足以使人喜欢的别册等等，待订阅之后，刊物的内容一期比一期薄弱，如果仍旧叫人看下去，不但感不到兴味，并且是无谓的浪费。但是任何出版杂志的机关和任何大书店小书店，新书店老书店，对于这一点都不肯顾全读者的痛苦而放松一步。为了这我们就提出一个"改订退订，绝对自由"的办法，就是说你不愿意看下去时，可以另外改换一种你所愿意的。还有你要离开了，或收回这笔订款作别的用处时，就可以退订，取还订银。说得明白些，不拘什么理由，今天订下了，明天就可以退订。第一期看过了，第二期起就可以改订别的。这件工作，我觉得极有意义，并且切切实实尽了对读者服务的义务，实行了四年，从经验中改正了许多自己不甚满意的缺点，从信誉上得到了几十万订户的好感，几千百封从读者订户群里来的鼓励我们、称赞我们的信，这是使我惭愧、使我感激，也使我兴奋的第一件事。

代办部工作分为两个部门，一是属于读者零星委托代办一种或几种书报或杂志的，独立名称叫邮购信托部。这部分的办法并无特殊，只要能切实办到周到、迅速罢了。一是属于外埠同业委托代办外版书报杂志，就是与公司交易经售本版的新书杂志之外，同时更接受它的嘱托代办别家出版的种种，绝对听命于委托者，尽力替他设法办到。也可以说，这样的工作，是对于同业的服务。有人说："这样你们不是完全替他白干，还得赔贴车钱吗？"其实则否，因为委托代办的同业多了，当你进货的时候，数量大了，折扣或回佣有时候也能比原来规定低廉些，或另外津贴回佣若干。这就算是你应得的报酬。虽然是微之又微，但总不至于白劳吧！

廿八、杂志界的畸形发展

公司注册手续办妥之后，我们决定出幽谷而迁乔木，从小小的一间门面，搬到民国十一二年（1922—1923）曾经出过风头的世界书局发行所旧址——红屋（四马路三二四号）。

纯贩卖是不得已而为之的，终究不是我的志趣，且为要实现小小的计划，起半夜，落五更"为他人作嫁"，也没有什么意义。有了几个钱，就想自己出版比较有价值的读物。

早晨躺在床上看当天送来的几份日报，从《申报》本埠新闻后面附录里，读完艾思奇、柳湜先生们所主持的"读书问答"，成为我最近的一种习惯。

一天，在问答的末段，看到说因某种关系，要将这一栏取消，另外改出一种周刊或旬刊的消息。自己是一个天天读这类似函授讲义的老读者，既可惜从此不再有机会读这讲义，又想急于读到行将改编的周刊或旬刊。为自己，也为别人，就写一封信给李公朴先生。他是《申报》流通图书馆主任，这一栏是归图书馆的某一部门所担任的。

很快来了回信，很快我们就谈妥了。

十一月十日，《读书生活》半月刊就在上海杂志公司里出现了。这是第一种。

为想减轻读者负担，我们商定用半价办法优待订户。如果你在打算盘珠，任凭你怎样打法，这半价预订是非亏本不可的。我们采取掩耳盗铃自骗自的方法，将这本刊物假定销数是六千份，就以六千份作为造本预算。另外再由公司代订部附印四千份，这四千份呢，不要编稿费，不要排工费，光是纸张和印刷，当然成本低廉多了，就将这一批便宜货，提出来作为半价预订，总算勉强通得过。

不料在出版的前一天后一天三天之内预订者达四千五百份。预订杂志踊跃到这样，倒是生意经历所未曾遇到过的。其时，还没搬到新房子去，小小的门市挤破了，一批要进去，一批还没出来，引起中央捕房派巡捕来干涉，说是妨碍了交通！

正是这一天，早晨，车夫进来报告：

"洪雪帆先生死了！"

雪帆，不失为我一位好朋友，在某种限度下，倒比任何朋友认识我、了解我更清楚些。因一念之私，在死亡之前的半年间，好朋友居然变成了仇家。然而，回忆过去的友情，禁不住淌下哀悼之泪。匆匆跑去中国殡仪馆送他入殓。

现代（书局），在雪帆未死前，已经奄奄一息了，我对它，比一般店员们或他的自己人懂得更清楚。因此有一部分的友人，对我责以大义，要我再肩起这千斤重担。可是还有一两个有关系者竟误认它仍是一块肥肉，不肯放手，终至变成肺结核，渐渐地由瘦弱而至死亡。

"你是它的父亲，我是它的母亲，卢芳是它的奶妈。"

这句亲切的话，还像时时挂在我的耳边，对于它的死亡，真使我感受凄怆。但是，有什么办法呢？这再度的分裂，是促成它由肺结核而死亡的唯一病源。

"你不能说没有罪过。"终究成为一句忏语。

杂志营业的日益发旺，画报——包括一切有价值的和杂凑投机的——占着绝大部分。这种畸形发展真使人寒心，虽是客观条件造成这种不良趋势，然杂志公司的积极经营，不能说没有责任。换句话说，不能推诿没有罪过！因之，我也想从画报来转移读者的视线（画报最大部分是销香港与南洋群岛的），要从而提高它的水准。

灵凤主编文艺画报，就想负起这任务。后来因它的一再脱期，所获的效果是等于没有！

廿四年（1935）九月，"中国文学珍本丛书"开始发行了。这是出版计划尝试的大失败。理想同事实，距离得很远很远！

规定是每周出版一种，而一种的分量少的只有十万字的一本，大的，差不多在六七十万字以上。我们常常为出版一种周刊，薄薄的小册子，都不免要弄得脱期，那么在印刷条件上每周一部的计划，真是渺茫而难有把握的。失败，固所宜也！

尤其感到没有办法的，是铅字旁边加上断句标点，一经校对之手，再经排字工友之手，三经打纸型时的跳动，要使它不走原样，就是天爷爷都不敢保证的。一经移动，跳越，脱落，这点断了的文句便会变成城楼上打鼓，不通，不通，又不通！声明既不胜其声明，勘误也来不及加以勘误，就此引起一班对于印刷情形完全不明了的批评家，大做其隔靴搔痒的批评，以为断句的人不懂原书文理，所以会弄成本来还可以读通，给他断了一下，反变为不可通了。

这冤枉该向谁去诉说呢？论责任，我的鲁莽，我的缺乏自信，在今天应该向当时有口难辩的施蛰存先生、阿英先生道歉！

　　其实呢，偶然的疏忽和错点，不能说完全没有，不过无论如何不会像某先生在《国闻周报》上批评的幼稚可笑！文章中明明写的是绝句，而校点的却替它弄成六字一句，八字一句，他说这就是校点的人不懂，难道连上文明明白白写的"绝"字都会不认识吗？绝句有六字八字一句，仔细想想，恐怕连做批评的专家也会哑然失笑吧！

　　因印刷技术上的过误，会牵系扳藤，衡量到一个校点的人的智慧上去。所以说，批评别人的不好处，真正是一件太容易的事了（这里，我们该钦佩开明书店同人们有先见之明，二十五史可以用锌版而决不排版，就为这个顾虑）。

廿九、提高出版物的水准

已经说过，我是个文艺爱好者。在我所主持过的书店，除联合——决定它的命运是社会科学书店外，光华、现代，总是走来走去还是走上这条文艺的路。我所认识的作家，也多是属于文艺写作者。

上海杂志公司既想自己刊行杂志，当然不会缺少文艺性的刊物。自己的爱好，也是我自己所惯走的一条旧路。

《译文》——唯一的世界文学作品介绍者，从与××书店分手后，要找一家出版处所。同××书局接洽过，并已与××书局签订下条件相当优越的合同草约。忽然有位朋友介绍给我，并介绍主编人黄源先生同我谈谈。

相闻不相识的朋友，对于我，都有一种误解，认为是很精明能干，而又有相当架子的一位新商人。其实，恰恰相反，是一位挺马虎，而又不会搭架子，不会侃侃而谈的平凡的商人。相信我，一句话等于一份合同；不信任我，订了合同还是要不欢而散的。越是不信任，愈会引起无谓的摩擦，渐渐地渐渐地两人中间筑起一道隔膜的长城。

公朴先生的《读书生活》，开始也是订立合同的，合同满了就没有再订过。如果照合同算起来，我们是吃亏得很多。但是，当我要同他算账的时候，他老是说：

"算了吧，你就吃亏些吧！"

听到这句话，吃亏也就忍气吃亏了。为什么呢？两年的合作，从不曾有过一句不好听的话，也从没有复查过一回合同里所订的文字，在这上面咬文嚼字。只要他明了，不说我靠这刊物赚过多少多少的钱，那么，吃亏又有什么大不了呢？

为决定《译文》的出版处所，三家书店选择哪一家？曾开过一次谈话会。还是由鲁迅先生的意见，决定交给上海杂志公司出版。理由是"没有政治背景的纯粹新书店。只要谁不想占谁的便宜，'精明'是无妨的"。于是在比较低的条件之下，双方签订了合同。

黄先生也是一样的怀着怕我过于精明的一个，连每期登几行广告都写上合同里去。当时，我觉得有点好笑，因为我并不是以刊行一种杂志，作为敷衍某一派作家的手段。

进行合作之后，一切都使他觉得惊异，一点不精明，和初见面时所想像的那一个人完全不同。此后合同一再满期都没有补订过。

廿五年（1936）三月十五日《译文》复刊号出现了。

接着《译文》而来的，有她的姊妹刊《作家》。她以妩媚的丰姿，像一位道地的北京娘儿似的出现于南方的杂志界，也着实轰动过上海文坛，而获得广大的读者群。

有《译文》合作很顺利的前例，《作家》连一纸官样文章的合同都不曾签订过。

这两大文艺读物的出版，根本就不曾打算过想靠着它赚钱（谁都晓得这不是会赚钱的生意经）。那么为什么要出它呢？为自己，也为别人。更含有一重重大的意义，想正在畸形发展中的杂志界，凭我们小小的努力，将出版物的水准提高起来。我以为出版家的精神堕落，这趋势比纯以赚钱为目的更可怕，更可忧虑！

有没有效果呢？我不清楚。然而不久，无聊的画报，有毒的消遣读物从此渐形衰落，也许（可以这么说）不无微劳吧！

尤其使我悲愤的，要算《高尔基全集》的印行。那还在这巨星没有陨落的前三四个月，由我同译文社商定，并征得鲁迅先生的同意，决计以三年的时间、资力，从事于全集的翻译。全部分作六辑，每辑十部，半年出齐。为求每一位担任翻译的人的便利，需要买齐英、德、日文三种译本的全集。经两个月的搜集，已买到全部日文版，半部德文版，半部英文版了。在翻译者、在出版者，这工作是艰重的，正待要分别聘请专家，同时拟定一个纲要，登报公布，免得国内出版界再做重复的工作，浪费精神和资力时，另有一家××图书杂志公司忽在前一天刊登"高尔基全集"出版预告，并以一元二角的书价征求预约。这样，我们不能不将这艰重工作暂时搁置，等待别的全集出来（无力竞争，也毋须竞争）。不料全书出来了，却只有薄薄的六本。这就是《高尔基全集》吗？丢尽中国出版家的脸！但是，你能说他不该用这夸大的书名么？你能阻止他不出这样的《高尔基全集》吗？有一天，机会很巧，见到他们的经理，同在大东茶室的一个同业茶话会上，我问起他是否因我们要准备印行《高尔基全集》而想赶前出来呢？他很坦白地回说：

"是的。"

"为什么不多译些呢？仅仅六本小册子就算是他的全集？"

"管它呢！做生意只要这样子好了。贵些，谁买得起呢？"

他并不明白这是出版家的罪恶，更没有清楚什么是出版家的责任。

正还有许多同业中朋友向我面前谈起这位出版家而赞许他的才干和手腕哩！叫我怎样说呢？谁会谅解你不是存着"同行嫉妒"的心理！

《读书生活》半月刊从第三卷起独立发行。我们另请平心先生主编《自修大学》两周刊，这本刊物的出世，对于失学的青年和在学而只知读死书死读书的学生，有很大的帮助，出乎意外地一出来就有了一万五千份的销数（在抗战前杂志的销数达万份以上的很不多见）。可惜只出到十四期，淞沪战事起来，不得不暂告停顿。

三十、平地风波

廿四年（1935）冬，我因患着"准政治病"，宣告名义上的下野，另委侄儿鸿飞，担任经理。直到"八一三"抗战发动后，才复任事实上的总经理。

"下野"广告刊出后，有许多小型报纸不断地对我做人身攻击，和不曾"盖棺"的论定。连公司的生意太好，读者拥挤也成为我的罪状之一。就是甘苦同尝的同业中人，也唯恐你不早些倒坍，好让他在文化街上独步（这里值得感谢的是姚苏凤先生主编的《辛报》，曾为检讨我的过去和现在，很公允地作过长篇论评，占着接续三天宽广的篇幅）。

大风起于萍末：

有几位在东京留学的诗人们，自费刊行一种《诗歌》月刊。第一二期每期寄来五份，作为寄售。三期起，他们要委托代理发行，私人间同店员们谈起。

合同并未签订，经理处也不晓得有这么一回事；不料在第三期月刊版权页上已经印上一行"国内发行所"字样了。谁都没有注意到它。

两个月后，我刚从广州创办支店回来，主管机关委派视察员拿着查禁的命令，来公司搜查时，才发现到。但只剩余一本了，"依例"请来员带回去作为销案。可是，这一回却例外，他说：

"你们另外再做一个呈文吧。"

这是向例不曾有过，接着又再三叮嘱：

"呈文封套外面要写明 × 局 × 科 ×× 收转 × 局长。"随又写了姓名说，"这就是我的姓名。"

这又是闻所未闻的奇特的手续！当然啰，我们奉命唯谨，依样葫芦，将经过情形，做好呈文送去。

隔了一个月，忽地奉到一件措辞极为严厉的训令，说这份"反动"刊物，既登明"国内发行所"字样，应由公司负责；且公司方面没有反证，足以证实这份刊物只寄来五份。

形势似乎严重了！但事实总是事实，还有声辩的余地。再将一切详细经过情形补写呈文，并说明我们的立场，将这近千种的杂志，每天平均有二三十种出版，内容如何，书店店员是没有审查的资格，也不够审查的学识；更何况又是最难以懂到的"诗"刊。理由相当充分，自以为不致再有问题了。呈文上去之后，一个多月杳无消息。

已经是十二月，距离该刊出版日期四个多月了。突然送进来一纸高等法院的传票。是由教育局、公安局两个主管机关联合提起控诉的——"危害民国紧急治罪法第 × 项。"

做梦也不会想到，这一份卖三分钱的小小刊物，竟会引起这样严重的刑事！

第一庭开审了，我不曾出庭。原因是我想见见主管的局长，问问明白究竟怎么一回事。有没有政治的意义。否则，这来势未免太奇特了！不凑巧，局长去首都出席全国代表会议去了，还当主席团，非等待散会不会回来。

第二庭又开审了，我还是没有出庭。同江一平先生商量，他以为这不是办法，刑事案不能不出庭，下次再不到案，就要出票拘捕。

时间溜得格外快，短短的七天展期，眨眨眼就会到临。准备去坐监呢？还是让他缉捕？率性到别的地方去休养一下。主意打不定，一颗心也虚悬着放不安稳。然而自恃同局长有五六年同事的交情，总得当面问过清白，怎样做都好，死心塌地。碰巧他在开庭前一天，回到上海。第二天早晨我就去谒见。谈话结果，哪里晓得他对于这样严重的一件公案并没有晓得，当然不会有意对一位老同事开这大的玩笑！要他尝尝比鹞儿胡同略为舒适些的"水门汀"风味。

"那么我的第二次呈文说得非常清楚，为什么不批下来呢？"他很热情地替我查问一下，原来还是今天刚批下去的，留在号房里没有送出去。拿回来看，仍是一片空话，批示里是叫我自己向法院去声辩。

"这不行呀！"我说："事实终究还是事实。"

应该感谢的，他诚挚的友情！很不高兴那位办事员鲁莽的举动，这样小小的事情，几乎变成一桩不可挽救的"冤狱"。于是，立刻当面改拟一份批示，但是"移文"做得斩钉截铁般结实，要说回来，倒感到不容易下笔。

第三庭又开审了，我还是没有出庭。通缉是无可避免，江先生也觉得没有办法可想，很替我捏一把汗。

正是千钧一发的当儿，郁达夫先生特地为这件公案从杭州赶到上海来了，就替我尽了很大而又相当困难的斡旋。

吹散漫天的乌云，重浴温和的阳光。

就在第四庭开审前一天，我宣告"下野"，回归三十年流浪生活中已经模糊了的钓游之乡，度着长时期休息一下的清福。

今天记起这幸而没有成为事实的"冤狱"的经过，我得对于那时候一切为我尽过精力的朋友们，致最敬的谢忱！

伟大的时代到临了！我们以十二万分的诚意拥护！

　　"在抗战期间，于不违反三民主义最高原则及法令范围内，对于言论出版集会结社，当予以合法之充分保障。"

卅一、抗战后的出版界

　　卢沟桥事件发生，抗战的火炬已经点着了。华北的营业完全中止，我们预料这事变发展，上海是迟早必要连带发动的，于是就开始战时的准备：其一：是先将年龄较轻的练习生，先行发给川资，让他们早些回家去。我自己在学生意时也曾碰到二次革命战争，母亲派人来陪我回家，因为朱老板不答应，做了"回汤豆腐干"。现在我以己推人，觉得抗战一发动，他们——二十几个练习生的家长，也一样像我母亲为她儿子的安全而忧虑，所以不如事前先行遣归，既减轻我的责任，又可免除为父母者的挂念。这完全是内部的事情，不料竟蒙关心我们健全问题的同业中人到处宣传：

　　"上海杂志公司七月底要关门了！"

　　"连练习生都遣散了！"

　　多谢他们的好意，有的竟跑到我的家里来，很亲切地来慰问我。我有什么可以说呢？

　　"这是我们内部的事情，关门与否，事实可以代我回答。"

　　其二：是请编译部主任金则人先生、刘群先生将与抗战没有关联的稿件，审阅后暂行搁置。杂志属于八月份的都暂停发稿，以待事态的发展。同时，我们预先计划编印一种"大时代丛书"，规定从九月份起，每三天出版一本。

"八一三"炮声响了，我们发行所方面还是照常营业，不过批发部分因邮包间不收受新书包裹，只好停止工作。

第二天——十四日——一颗炸弹落在大世界门前爆炸了，这一回震动全市，致使租界居民安全信念发生动摇，留在公司里继续工作本来打算不离开上海的一班店员们，也都要求回乡下去了。你能阻止吗？当然不！于是当天下午拉拢了两扇铁门。

这回是长期抗战，不如"一·二八"。就使同"一·二八"时一模一样，关了十天半月也还得要自动开门的。因此，我们无"乡"可归的半上海人，仍自动起来开门营业。这时期，各种杂志——本版的外版的都一齐停刊，根本是无书可卖，地图和战地摄影，变作了主要商品。

第一本出现的战时新书，是凌青先生编著的《民族解放战争的战略与战术》。第一种复刊的杂志，是《国闻周报》的《战时特刊》（八开大本的）。

接着文艺刊物有译文、中流、文丛、文学四社合编的《烽火》小册子，由茅盾主编；沈起予主编《光明》特刊；陶亢德主编《宇宙风》特刊。一般理论的有邹韬奋主编的《抗战》三日刊和编辑人协会出版的《文化战线》半月刊。挺为一般人所需要的，倒是良友公司出版的《战事画报》，每期的销数竟达五六万份。在"一·二八"时，良友的《战事特刊》，曾经获得意外的收获，所以这一次事变时早经准备，赶先出版，占着销路的上风。出版界挺爱玩的把戏是模仿，因而随之而起来的，竟有三十多种，重复翻制，甚多连影像都看不清楚了。

当战事初起的时候，大家都关切战争的胜利消息，所以多注意于晨报、午报、晚报，见一种买一种，有一张看一张。后来稍少疲倦，才有了对抗战理论的探讨，防空防毒等实际知识的需要。这类书籍，也就逐渐多了起来。我们因见到邮寄的停滞，上海的报纸不能到达内地去，报纸上刊登的贵的各战线的通讯和报告，没有法子可使在大上海之外的大众读到，开始想做搜集的工作，将每一战线的记事，编成一集，印成单行本，既可以保留得长久些，也可以推广到远方和内地去。这样，就由我自己编纂了《西线血战》《东战场》《平汉前线》《闸北血史》等几本集子。我认为这是抗战的史料，也是最有实效的宣传文字。

抗战初期出版的新书有两种倾向：一种是通俗小册子，为了向民间普遍地推销，高深理论固然没有人理解。售价方面，在战时购买力当然薄弱，也力求低廉。生活书店出版的"黑白丛书"战时特刊，上海杂志公司出版的"大时代丛书"，都是实例。一种是有时间性的或为全国民众注意力所集中的某一事件，如八百壮士坚守四行仓库，新闻记事体的小册子，和诗歌戏剧等单行本，一窝蜂就出了十几种，虽是多少不免浪费，但需要的倾向很明显地显露出来了。此外，过去视为神秘性的共产党、八路军的种种小册子，也翻印出版有几十种。这一批书，很少有新的著述，大都是从史诺（即斯诺——编者注）氏的《西北印象记》一部书中分割下来的；有的从旧的《解放》里抄剪来的。这里很多是双十二以前的言论与著作，到现在拿出来一翻再翻，虽有相当的销路，终究有妨碍于统一战线，所以中共中央亦于二月四日在汉口《新华日报》上刊登通告，声明对于这些胡乱剪辑的书籍，表示不负责任。后来中央方面也就加以查禁了。

上海，虽有我们英勇的战士在闸北前线抵抗暴敌的侵入，但是能够支持到什么时候，谁都没有把握。上海，这个中国出版的中心，已经和内地交通完全隔绝，那么要将各种出版物推广到各省各市，非另有一个营业轴心不可。于是，我就决定将总公司迁到武汉去，上海公司的命运完全随着国军的进退为转移。当时除电令经理张鸿飞从广州北上，出版部主任李菊庐从上海冒险西上，在武汉会合组设驻汉办事处外，我自己同一部分同事，也于十月十九日离开上海绕道浙赣路，到汉口创办上海杂志公司的总店。

曾经说过，书店营业是靠放账，将出版的新书杂志委托各地贩卖书店，卖出还钞。战事一发生，各地书店的欠账，大都停付；有信用的，因消息隔绝，上海正在激烈战争中，要想付款，怕汇兑不通；次一等的以为你既没有法子再寄货来，我也落得留着作为逃难本钱；更有心地不光明的，希望你在炮火炸弹之下毁灭了，这笔欠账根本就不必多此一举。这么一来虽有五六万的客账放在外面，到此毫无所获，经济状况难免不感到拮据的。至于造货方面，因在战争期间，今天料不到明天的事，谁都不肯再给你赊欠，一切所需如纸张、印刷、广告、制版、装订都要现钱交易了。可以收取的既无可收取了，可以赊欠的又不准你赊欠了，出版家自然要叫苦连天！为了这，上海市书业同业公会就议决了一件重要的议案——在战事期间，同业学校等一切交易，概以现款为限。以此作为补救的办法。

因读者的需要，战时新书和抗战杂志的销数比较平时增高很多。虽是造本都要现金，但卖出去的也是现金，一进一出，倒也周转方便。更因印数加多，平均的成本减低，营业收入似乎也比平时可以增多些。新的出版社就应时产生，各式各样的书，都有它的顾客。过去完全从事贩卖的书店，这时候也要自己编印几种新书，应时点缀。求过于供，谁都可在这头上博得一些微利。

在战事进行中，最受到损失的倒是有工厂的大资本书店和专以教科书为主要业务的书店、标点通俗小说的旧书店。属于前者像商务、中华、世界、开明，有的工厂货栈完全牺牲于炮火之下，一时不能恢复过来。有的因范围过大，尾大不掉，紧缩既不得，不紧缩又难以支持。① 属于后者的因抗战期间，决不会有人捧着《水浒》《红楼梦》，或《韩昌黎文集》《白香山诗集》，闲情逸致消磨光阴的了。所以有一部分书店都只好暂时休息一下。

骤然跑进书店里看看，似乎新书的产量有惊人的加多，五光十色，躺满书架子上面。其实仔细地加以统计，书的总产量比较平时并没有加多，相反地只有减少。这原因，乃是书的性质的大同小异，翻来翻去，编来编去，只不过是某一类性质的书籍增多罢了，并不是各部分出版物平衡发展、平均增加。譬如关于建设方面的专门图书，实际上这十个月来一本都不曾印出来过，学术性的著作物，也只有减少——卖完了即宣告绝版了——而并没有增多。就以杂志一项而论，最热闹时代，有过一千种以上，然而现在呢，全国的统计起来恐怕还不过二三百种而已。

在抗战建国时代，我们需要有建设性的学术图书，国防性的专门典籍，也能够同平时一般源源地印出来。同时更从第一期抗战经验与教训中，建起新的理论来；从参加前线抗战工作，实际生活的体验中，产生伟大的文学作品来；为要唤起全国民众的抗战情绪，发动民众自卫武力，编制通俗的大众读物来！这些都是有智慧的作家们的责任，也是贤明的出版家的责任。

---

① 中华书局的停职风潮调解了半载，到五月一日才告解决。

写在后面

　　在这本小小的自传中，为要使它写得忠实，有些地方，变成了滑稽的独白，使人好笑；更有些地方，当读完一遍初校样时，觉得有补充几句的必要：

　　在交际场中，为什么我们常常觉得人与人之间不能互相融和呢？这原因，最大关键当然还是在个性的不同。一个人对于另一个人的批评，往往是拿了自己的"尺"去测量别人的；不能适合这"尺"度就是不好。反之，就是好人。因之，是是非非就各有各的观点，各有各的说法，所谓"公说公有理，婆说婆有理"。朋友们（包括认识的不认识的）对于我的一切，说得头头是道的固然也有，然而批评得体无完肤的也不是没有。说好的，并不一定是我的知己朋友，甚多对我的了解并不清楚；说歹的，也并不一定是我的仇人冤家，除非他另有企图。打开天窗说亮话，还是"我有我的尺"罢了！

　　正因为这样，社会上就有很多"挂羊头卖狗肉"的。更有为着自己的私益而对别人作无情的攻击和歪曲的批判。这种事情流行于文化人之间，文化事业的同行中更多得不胜枚举。以造谣为手段而想达到他的目的，这手段偶一用之，也许是不妨的。然而一定要将自己的脚跟下用"高跷"垫起来，比别人高出一头地，尽量地自我宣传，自居领导或模范的地位，将别人的好处硬绷绷一概抹杀，似乎也大可以不必吧？

除掉业务上，我现在简直可以说"与人无争"。我有我的目标，我有我的信念，二十年生活在出版界里，弯弯曲曲朝着这目标而前进，千辛万苦为实现这信念而工作。并不因环境险恶而躲避，也不受生活艰难而动摇。我明白，我所负的责任的艰重，文化工作影响于民族社会的重大和深远！我行我素，我行我心之所安，因而，我不想用说教的方式来辩护，也不愿以夸大的宣传来代替事实。

我是幼小失学的人，因没有机会进中学大学，所以连起码的常识都不够。但是三十年来竟会抓着扛笔杆儿生活的职业，随时随地感到才识不够应付，使我精神上受莫大的痛苦。我是个"有家"的流浪人，三十年来不知调换过多少可为而不为的职务，失业的恐慌，家室的重负，使我物质上受莫大的痛楚。残酷的回忆，有使我补写这"自传"的必要。我想在每一个"陷阱"之前，都插上一支"行人止步"的路标，告诉给像我一样在陌生的人生旅途上暗中摸索的朋友们，这工作也许不是全没有意义的吧！

我是个"出版商"，二十年来生活在这圈子里，姑不论对于文化工作做到如何成绩，对于社会影响达到怎样程度，但是，我是个"出版商"而不是"书商"，希望认识我和不认我的朋友们对于我有这最低限度的了解！这是"差之毫厘谬以千里"的分界线。虽然出版商也要为生活，为维持事业上的必要开支而顾到"钱"。

"钱"是一切商业行为的总目标。然而，出版商人似乎还有比钱更重要的意义在这上面。以出版为手段而达到赚钱的目的，和以出版为手段，而图实现其信念与目标而获得相当报酬者，其演出的方式相同，而其出发的动机完全两样。我们——一切的出版商人——都应该从这上面去体会，去领悟。一切认识的朋友和不认识的朋友们——读者——也应该从上头去分析，去区别，然后方会有最低限度的认识，而不会有超越限度的谴责。出版商与书商的分界线，不仅社会上一般人弄不明白，就连地方当局和主管的上级机关也没有将它划分清楚，因而将绝对不同营业路线和营业方式的书商与出版商，硬给你箍在一起。例如现在各省市的书业同业公会，这集团的组成，有完全以买进卖出为主要业务的木版书商、碑帖商；有各家有各家不同版本，然而都没有著作权的石印书商；有也有版权也没有版权，将新的旧的图书，给它穿上西装的标点书商；有专将杂志上新闻纸上所发表的文稿编纂起来，似乎有著作权而实际却没有著作权的准出版书商；有纯粹以学校用书或侧重于教科书工具书的教科书商；有各有各的目标与信念各有各的出版路线的新出版商。表面上，都是将白白的纸张印上一行行、一堆堆的黑字而拿出来卖给读者的买卖人，其实骨子里根本不对劲。如果将这大串的书商与出版商放在一起，总名之曰"书业"或"书商"（大约三百六十行中只有这样一行名吧）。要他们牵强附会来解决它的切身问题，何异于"缘木求鱼"；反使同业间不能结成较好的关系，仍残留着"同行嫉妒"的封建意识。

记得民国十七年（1928），上海各业商会一律改组为商民协会的时候，上海市党部陈德征先生指派我担任改组书业团体的负责人。当时，**我提出最低限度的划分**——新书业和旧书业成为二个团体，然后才可以进行组织，训导成为坚固的集团（当然能多划分几个更好）。他同意我的提议，但是格于法令，还是通不过，到现在我们书业的唯一集团仍是"只此一家"的上海市书业同业公会。

末了，还得补充一句：二十年出版生活中所见到的、经历的，更有很多珍罕的史料和趣闻轶事，都不能记述或详细地写出来，这未免可惜，也与写这本书的初意有些不符合。然而，事实上，人情上都不许你畅所欲言，只得留待将来有机会时再行添补进去。或者有更大的自由时另写一本——出版界掌故吧。当上海《立报》创刊时，我也曾有这样的企图，曾经刊登过十几则，后来友鸾兄离去就停笔了，包天笑兄接编《花果山》时虽曾希望我能继续写下去，但终究因怕引起不必有的误会，掀起无谓的麻烦，虽是玩笑式的也还是不写的好，我觉得。不料现在仍旧同从前一样感觉"还是不写的好"，真是不胜遗憾之至！

一九三八年五月二十日跋于汉口且休止斋

附录
杂志发行经验谈

"怎样可以使杂志的销路广大起来？"

常常有朋友提出这样的问题，来请教我从事杂志事业的"专家"。这一问，就窘倒我了！因为"怎样"的方法很多，有时也很简单，说得长些，写一本书也说不完备；说得短些，归根结底只有一句话——"内容充实！"

讲到内容充实，或怎样使它充实起来，这是编辑先生的事，发行人是在船里着力，无济于事。不过一定要从发行方面谈谈有什么新的技术呢，那倒也并不是绝对没有。然而这不是技术，算是我多吃几年"杂志饭"，所获得的一些"或许有用"的经验心得。

就将这一点点的心得，写出来，作为这一问题的答案吧！

"怎样可以使杂志的销路广大起来呢？"要分作两方面来谈它：

一类是属于私人出版的或没有多少基金的杂志，出版者希望能于短时间里达到相当发行额，然后可以使这本刊物长命下去。在公司业务上，这类刊物，多是属于代理发行的。

在几百几千种杂志中，要使你的刊物从那里窜出来，绝不是一件容易的事。第一，要使各地的读者都晓得有这样一本东西（买与不买是另一问题）；第二，要使它能达到每一家贩卖书店（卖得掉与卖不掉是另一问题）；第三，要使读者怎样会拿出钱来买你的杂志（满意与不满意是另一问题）。

解决第一个难题，当然需要宣传。在没有出版之前，先发布一种预告，在预告中说明将有怎样性质的一种杂志出来，它的内容有怎样的特点，是适合于某一阶层人读的。这里最要紧的是只限说明特点，切勿夸大；尤其不必说上大堆空话，减少读者注意力，或写上大批特约撰述者的大名，给读者一个过高的期望。这预告在同类刊物上刊布可以，自己印成一种小传单也可以。据我的经验，最好还是登在有价值而没有色彩的日报上，比较有效力。

预告中不必说明创刊的日期。待到出版的前一天（这时书已印出来了，但是绝对不必急于拿出来发卖），将这一期的内容、性质、特点先刊登一天广告。广告里在显明地位印出"明天出版"字样和"经售处"的详细地址店名。当晚或第二天早晨将各书普遍地送到各经售处所，然后再来个第二次的广告。那个广告的样式是完全与上一天不同。广告的大小，地位的适当否都需要事先办妥。这么一来，一定会使每一个杂志的读者都注意到它，我相信。

第二个难题，是提早几天出书或延缓几天刊登广告。最使贩卖书店感到不愉快和使代理发行者头痛的事，是当天出版的杂志，当天刊出广告。因装订的不能如意迅速，难免中断或赶不齐全。既见了广告如果不寄发，则贩卖者一定不高兴，如要统统寄发又没有这么齐全可以自由分配（日报比邮包寄递迅速，倘读者见报后跑去询问，回说没有到，三次两次之后，已使一位热忱的读者感到不舒服，第一件印象已经不好了）。不得已时，只好可寄的寄了，不可寄的就此搁下。或者甲地本可预算寄发五百本，乙地三百本，因缺乏关系不够分配，只得甲乙地平均减少了。杂志有时间性的，且贩卖书店因营业竞争，到达先后十分注意，如果第一批寄去二百本，第二次待书装齐了再补寄三百本去，那么这后补的三百本，一定有大半销不出去的。这一点在发行上关系非常重大，然而在出版人方面却大多不肯顾到。甚多有报上已刊出广告了而杂志还在印刷机上还没有落版。为一本刊物之"长命百岁"，其实早一天两天见到广告有什么关系呢？心急的朋友，你更没有方法说服他！

第三个问题，百分之百是编辑人的事，发行人是没有方法用力的。倘使说有，也不过多贴几条广告纸在书店里外，或将新出的刊物放在使读者最注意的书柜上罢了！属于编辑工作的，那么第一期能够出一种专号或特辑当然好些，然而这专号特辑是要有内容的，并不光是篇幅的加厚，原来卖二毛一本的，这一本定要卖四毛五毛；倘使没有中心而光是篇幅的加厚，还是老老实实的不弄花巧为妙，我以为。其他如封面的庄重或轻巧，排式的严肃或活泼，那是随杂志的内容和读者对象而定，谁都明白的。

创刊号杂志的销数，一定会比平时的或是后二三期的为多。所以第一期杂志编得比较精彩或发行得普遍，与未来的销数有极大的关系。譬如创刊号有五千份销数，等于说这本杂志有五千个读者了，但是这五千个不是确定的，以杂志的内容和兴趣，五千个中间，也许有一二千个在读过第一期后感到不满意而不再买下来了，所以第一期五千个，第二期时就减少为四千个了。当然也有因读了第一期后感到特别满意，处处为刊物作口头宣传或实际介绍，反使没有买过第一期的人，也变成读者了。然而这是取决于内容的，从发行上讲，只有低落而不会增加的。

怎样可以拉牢已读过第一期的读者呢？上面已经说过，最重要的是不使读者过于失望。为了这，所以未出版之前千万不要自己过于夸耀，或者不必要的写上一大批特约撰述的名单。在预告时候，读者因为过于夸耀幻成一种理想的读物，以为一定是百分之百的配他脾胃的；待到读完之后，觉得距离他的理想很远很远，于是起了反应感觉失望（其实虽并不一定像预告时的圆满，却也并不一定坏的）。不但自己从此跳出读者圈外，还要逢到朋友时处处作主观的批评，这是顶可怕，也是办杂志的朋友和出版社应该避免的地方。

反之主办杂志的只要抱定宗旨，坚定信念，埋头实干于自己理想杂志的创造，脚踏实地，一步一步地渐进，不夸大，不作过分的宣传，则读者方面对这本杂志决不会发生反感，读了第一期时他倒会觉得内容处处（或大部分）适合自己的兴味，因而发生好感了。

事实上，也有许多很好的杂志而销路并不见得广大者，如果不曾犯着上述的病征，则创刊号出版时发行的不普遍，当然也是主因之一。在抗战期间因邮递不便，常常有可以销售的区域没有代售处所，到三五期后，交通恢复，才从中间寄去，已经引不起读者的兴趣了。因有很多很多的读者喜欢每一种杂志从头买起，待买不到第一二三期的就连新出的也率性不买它了。也正因为有这样的买书脾气之故，所以无论何种杂志内的长篇连载切不可多到两三种以上。通常的理想，以为有名贵的长篇连载一定可以拉牢读者了，其实则否。我已经说过，第一期杂志的读者并不个个是第二三期一定会继续买下去的读者，那么你即使有名贵的连载，喜欢的固然被你拉牢了，那不喜欢的，还是不重视它。这样譬如剩下来八折的读者，因人事的变迁，事实上不能继续下去，一期复一期，读者也就一期少一期了。到第三四期时，别的杂志还有新生出来的读者可以弥补，或者反会增加。唯有靠长篇连载的杂志，就不会有中途插进来的读者的。正因为你有连载，他就非补全第一二期不可，倘然补不齐全，或内地书店里买不到它的时候就绝对不会再做你的读者了。这样——靠三五种长篇连载——的杂志，它的销数，一定一期少似一期，到整个失败为止，没有方法逃避它的坏运的。

另一方面，还有一类杂志的销数是渐进的，愈出得久销数愈高，多出一期增多一批读者。这一类刊物，从公司业务上讲，是属于自己出版自己发行的，或有相当的出版基础或较多的基金。

这一类杂志的发行，自有它的发行路线，因基础的巩固或资金的周转灵活，可以脚踏实地地缓缓进行，不怕短时间的亏蚀而弄成夭折。但是在发行上能够办到普遍达到，使每一区域的每一个读者都有机会不间断地读到它，当然是重要的工作。就使第一期、第二期都引不起读者的注意力，因而销数并不广大是不足焦虑的。这一类杂志的销数，老实说是要编辑先生的努力，所说——内容一期比一期充实，才有办法，才有希望，心急是无济于事而反足以动摇自己信念的。

无论谁，要想办一种杂志，绝不是为给自己玩的，而自有它的目标和读者对象的。这样，只要你朝向你的目标迈进，对着你的读者对象而努力，出版愈久，读者对于你的了解愈深切，出版的期数愈多，销路愈广远，而销数也愈益增高了！因为从最初少数的基本读者方面自然而然地替你口头的宣传和事实上的介绍,一变二,二变四地逐渐增加增高起来了。

为什么第一类与第二类的情形完全不同呢?其实也并不是绝对的不相同,本来主办一种杂志,要它的销数广大起来,并不是也并不必"速战速决"的,只要你用你的全副精力放在充实内容的工作上面去,读者绝不是盲目的,绝不会使你的精力白花!

不过,办杂志也决不可以太空想了。现实的环境和社会的需要也得面面顾到。第一件事要避免的不可跟在别人的背后,踏着别人已经走过(无论是成功还是失败了)的脚痕。必须要看清楚环境,估准足需要,再别创一格地创办你理想的读物。换一句话说,"戏法人人会变,各有巧妙不同",不同的巧妙,就是成功的锁钥。

有许多出杂志的朋友,常常硬要委托我们替他做"发行机关"(代理发行一宗业务,公司方面现已停止了),他以为一定可以比别的书店可以多推销些,这心理其实是错误的,也正因为这样,我们更不敢接受代理发行的杂志。打开天窗说亮话,无论哪一家书店替你代理发行,都是同样可以普遍的,除非他有意替你放在书架子上不发出去。杂志销路的对象是读者而不是书店(代发行书店和各地贩卖书店)。如果这杂志是读者需要的,那么任凭你放在哪里都有人来买,反之,即使堆满在各书店里也无人顾问的。

所以一种杂志之多销与少销,在发行上的努力,效果真是微弱得很,不值得重视的!

为什么我们对于代理发行杂志的业务,会不积极经营呢?这当然也是我们营业计划上的失败点,现在顺便也可以谈谈:

第一是货款方面：虽曾对于外埠贩卖同行这样说过——杂志交易是要现钱的，但是，书店营业上主要方法是"放账"，已经成为一种牢不可破的习惯了。杂志的代理发行和贩卖，因寄费的加快和加重，糟蹋和破损，常会使代售者只有损失，使贩卖书店感到不合算，还是不代售吧。倘使为营业上着想或交情上关系，非代售不可的话，也不肯爽爽快快地拿出现钱来批购。这样一来，杂志是有时间性关系不许你耽搁的，即使没有钱来，也不得不放账了，放账又成为习惯，现钱交易等于批发章程上的具文了。但在代理发行与出版人方面订有合同，不管你现卖也好，放账也好，到了合同规定收款的日期，为实践信诺，不得不垫付。结果就变了一面现钱买进，一面赊账放出，代理发行者吃力而不讨好。

第二是存书问题：发行网线遍布全国，因交通的不便，邮程滞迟，从上海到达川、黔、滇、甘、桂等处往往需要很多的日期。富于时间性的杂志，到可以发卖的时候，它的时间性已经失掉了。现买的不能退，贩卖者吃了亏，下一期不卖了或格外减少；放账的，反正是卖出会钞，卖不出去的就让它捆搁起来，到他高兴或想起来的时候一起退给你。在代理发行与出版人间也有合同订明的，有的是两三个月收清书款，到了规定日期，没有退书当然要钱，不能异议；有的是可以退还的，但私人出版杂志，不能长期不告结束，或是停刊了，或是另调一处发行处所了，或是调一位编辑换一个刊名了，总之，你的书还没有退回来，应付的书款早经垫出去，待到你把卖不掉的存书退回来时，这一本杂志早已成为历史上的东西了。这一笔损失当然又归代理发行人负担。

第三是销数问题：无论谁，对于自己亲手编印出版的杂志，总希望它能大量的销去，有广大的读者群。他之所以要交给你代理发行，唯一的希望是销数能比别处扩大，达到他理想的数额。至于内容如何，发行人不能批评的，各人都爱惜各人的毛羽，自己如果看起来也觉得不好，也不会拿出来印行的。因而，如果这一本杂志的销路不好，他决不会怪自己刊物的内容欠充实，或社会不需要它，头一桩想到的怪你替它推销不努力（意思是说如果你特别努力些，销数决不至这么少）！当然，不努力也是致命伤的一因，但是你如果提出来，这杂志在未出版之前应该这样做，已出版了应该那样做，或是印刷方面应该精美（最低限度也要不恶劣模糊），定价方面不可这样高，广告一定要登在有广大销路或与这刊物的性质有相互关联的，多登几行或多登几家。这种种十个有八九个是不会依你主张的，甚多偏偏会同你所希冀的办法相反。这样销数的不会广大起来，论理是代理发行人不负责任了，可是出版人不会原谅你的，因而很好的一起的朋友为了这小小的不谅解，弄得不欢而散了。

"怎样可以使杂志的销数广大起来呢？"

除掉上面所说的可以写述出来的原因之外，还有很多，很多像一部廿四史，无从说起的。总之一句话——

"内容充实！"

不必怪那些代理发行的书店和你的朋友——"任何杂志都是卖给读者的，而不给书店的"。了解这，一切都可以心平气和了！

写这篇文字的动机，还是柳湜先生在香港《生活日报·星期增刊》里做过一篇《杂志编辑经验谈》。他在引文中涉及到我，说关于发行方面希望我来做一篇《杂志发行经验谈》。当时我曾经答应下来，可是还没有动笔，《生活日报》就停刊了。到现在才写好，已经两年了，算践了朋友的预约，就将它放在本书的后面，作为附录。